亚当·斯密财富论丛
晏智杰 ◎ 主编

亚当·斯密
如何改变你的生活

经济学之父的永恒智慧

【美】拉斯·罗伯茨 ◎ 著
（Russ Roberts）

贾拥民 ◎ 译

How Adam Smith
Can Change Your Life:
An Unexpected Guide
to Human Nature and Happiness

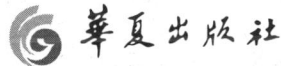

华夏出版社

《亚当·斯密财富论丛》总序

1759年，亚当·斯密以《道德情操论》跻身苏格兰一流伦理学家之列，他的这部著作成为18世纪苏格兰启蒙运动在伦理学领域取得的一项重要成果；1776年，亚当·斯密又以《国民财富的性质和原因的研究》（简称《国富论》）扬名天下，为苏格兰启蒙运动在政治经济学领域增添了夺目的光彩。他由此被世人誉为"英国古典政治经济学的奠基人"和"现代经济学的开山祖师"。尽管斯密本人似乎更倾心于他在伦理学领域取得的成就，然而他作为经济学家的名声更为响亮，《国富论》的影响似乎远远超过了《道德情操论》。这不是不可理解的：《国富论》彻底清算了支配西欧各国长达两个多世纪的重商主义，为此后一个半世纪之久的经济自由主义奠定了理论基础。尽管20世纪30年代的世界性经济危机宣告了"自由放任"资本主义的破产，终结了斯密经济学的支配地位，并被凯恩斯主义的国家干预主义所取代，但凯恩斯主义与其说是对斯密经济学的否定，不如说是对斯密市场经济理论的核心原理的继承和发展，在可以预见的将来，亚当·斯密经济学的影响也不会终结。

然而，国情以及发展阶段的差异，注定了斯密学说在中国的命运不能不是另外一番景象。《国富论》在欧美各国独领风骚之时，它在我们这个东方封建国度还不为人所知，直到20世纪初才有幸被中国近代启蒙思想家严复以《原富》之名译介国内，算是开启了迈入中国之门的漫长历程。

然而，来自西方的这个"舶来品"在当时的中国完全不可能落地生根，更谈不上被视为准星之作了。20世纪30年代，中国民主革命勃兴、资本主义有望发展之时，为资本立论的《国富论》似乎有了引领时代潮流的机会。可是，在中国特定的历史条件下，如同其他代表资本主义发展取向的思想学说的命运一样，在长达半个多世纪的思想激荡和较量中，它只能被代表中国前进新取向的社会主义和共产主义思潮视为批判和继承的对象。始自20世纪80年代的改革开放展现了中国社会发展的新道路和新前景，也使《国富论》在中国的命运有了转机。亚当·斯密著作热在中华大地悄然兴起，《国富论》首当其冲，且经久不衰。《道德情操论》过去很少引起中国学者的关注，现在也开始进入了人们的视野，20世纪90年代末该书中译本首次面世，为我国读者打开了探其究竟之门。读者们不久就发现，《道德情操论》同《国富论》一样精彩。

与"原始未开化社会"相对照的"现代文明社会"是亚当·斯密研究和著述的现实对象及历史前提，其基本特征是土地私有和资本积累，并以工场手工业为基本经济形态。《道德情操论》旨在为这个社会的"公民的幸福生活"确立道德规范，《国富论》则致力于为之构建一个"富国裕民"的经济体系。历史业已证明，亚当·斯密取得了巨大的成功。当今的世界和中国，与斯密时代相比，已经发生了翻天覆地的变化，断不可同日而语，然而，毋庸讳言，斯密当年所关注的发展经济和确立道德规范两大主题，仍是当今世界和中国面临的现实课题，何况现代社会从过去社会发展演变而来，两者之间既有巨大差距，也存在千丝万缕联系，这就使得重温亚当·斯密之学说并力求从中汲取思想营养，对我们来说既十分必要也非常现实。

现在华夏出版社重新组译并联袂推出亚当·斯密的这两部名著，可以说正当其时。所据埃德温·坎南编辑的《国富论》英文版，问世愈百年，早已传遍全世界，至今仍被公认为是一部具有权威性的优秀版本。在华夏出版社同仁和译者的共同努力下，我相信这个新译本定会受到专家学者和广大读者的重视和欢迎。

晏智杰
2016年12月15日于北京大学

对《亚当·斯密如何改变你的生活》的赞誉

  这是一本超级棒的书，读完它，你对生活、人性、对你自己都会有更深的理解。阅读本书，就像一边喝着威士忌一边与亚当·斯密和罗伯茨交谈。

——纳西姆·塔勒布（Nassim Taleb）《黑天鹅》
（The Black Swan）一书作者

  拉斯·罗伯茨选了一本伟大而又非常艰涩的古典巨著来解读，这部巨著就是亚当·斯密的《道德情操论》。罗伯茨的文笔极其出色，他的叙述引人入胜。他将自己对美德、友谊和幸福的冥想写成了文字，最后呈献给读者的是一本妙不可言的指南，它将引导我们过上美好的生活。

——乔纳森·海特（Jonathan Haidt）《正义之心》
（The Righteous Mind）一书作者

  亚当·斯密不仅是一位伟大的经济学家，而且还是一位洞察人性的伦理学家。他在有关人性真知灼见的基础上形成了自己的道德哲学体系，其内容丰富、形式精巧并且拥有演化特质。拉斯·罗伯茨对斯密的思想有深刻的理解，他用流利的笔触把斯密思想对于现代社会的弥足惊人的重大意义明白晓畅地展现给读者。

——马特·里德利（Matt Ridley）《理性乐观派》
（The Rational Optimist）一书作者

拉斯·罗伯茨完成了一项了不起的工作，他告诉我们，斯密的智慧的本质在于，他揭示了美好的人生和成功的经济体系的情感基础及心理基础。读这本书无疑是一件赏心悦事。当然，更加重要的是，亚当·斯密确实能够改变你的生活。

——戴安娜·科伊尔（Diane Coyle）《有灵魂的科学》
（*The Soulful Science*）一书作者

目 录

第1章 亚当·斯密如何改变你的生活 …………………………… 1
第2章 如何认识你自己 …………………………………………… 11
第3章 如何使自己快乐 …………………………………………… 27
第4章 如何才能做到不自欺 ……………………………………… 39
第5章 如何为人所爱 ……………………………………………… 57
第6章 如何才能变得可爱 ………………………………………… 87
第7章 如何做个好人 ……………………………………………… 105
第8章 如何让世界变得更美好 …………………………………… 121
第9章 如何不做什么,使世界变得更美好 ……………………… 143
第10章 如何在现代世界中生活 ………………………………… 153
致 谢 ……………………………………………………………… 167
资料来源及进一步阅读材料 ……………………………………… 169
译后记 ……………………………………………………………… 177

第 1 章　亚当·斯密如何改变你的生活

　　美好的生活到底是什么样子的？从古至今的宗教、哲学思想都与这个主题息息相关，现在市面上数之不尽的"励志"书籍说到底也是在讨论这个话题，但是答案却总是让人捉摸不定。美好的生活就是指快乐的生活吗？还是指事业成功、拥有万贯家财？美德在其中扮演了何种角色？美好的生活是否还包括做一个好人、拥有良好品行，同时帮助他人、让世界变得更加美好？

　　二百五十年前，苏格兰的一位道德哲学家在他写的一本著作里也讨论了这个话题，这本书的标题显得相当平淡无奇，它叫作《道德情操论》（*The Theory of Moral Sentiments*）。当然，你或许早就知道这本书的作者就是亚当·斯密。在这本书中，斯密试图解释道德是如何起源的，以及当与自身利益相冲突时，人们为什么还能够行为得体、保持自己的美德。这本书所探讨的问题涵盖了心理学和哲学方面的内容——现在我们很多人把它称之为行为经济学。书中夹杂着斯密对友情、财富和幸福的行为的观察，以及对美德的思考。循着这样的思路，斯密试图告诉他的读者，美好的生活到底是什么样的，以及人们如何才能过上美好的生活。

　　当时，这是一本相当成功的书。但是在今天，《道德情操论》实际上已经完全被遗忘了，在斯密的第二本声名卓著的巨著面前更显得相形见绌。斯密的第二部巨著是《国富论》（*An Inquiry into the Nature and Causes of the Wealth of Nations*），它的第一版出版于 1776 年，为亚当·斯密赢得了不朽的名声，并且奠定了经济学的基础。虽然从头到尾读过《国富论》这本书的人或许并不多，但毋庸置疑的是，它是一部名著，而且是一部经典名著。当然，读过或者听说过斯密另一本巨著《道德情操论》的人就更加少了。

在我职业生涯的大部分时间里，这两部经典著作我都不曾读过，对于一个经济学家来说，承认这一点颇有些尴尬。读者可能会想当然地以为，我既然是个经济学家，那么就必定细致地阅读过我自己所研究的这个领域的创始人所撰写的这两部最主要的著作。但是直到最近，我对《道德情操论》仍然知之甚少。事实上，在我成为一名经济学家后的大部分时间里，除了《国富论》之外，我一直很少听人提起过斯密的其他著作。在经济学界，《道德情操论》这部著作并没有什么名气，它的内容似乎有点古怪，而且还起了一个令人望而生畏的书名——这个书名听起来似乎跟经济学毫不相关。

我有一个每周播出一次的播客，栏目名称是《经济交谈》（Economic Talk）。有一次，我在乔治·梅森大学（George Mason University）的朋友丹·克莱因（Dan Klein）给我提了一个建议：在每周播客上与他一起谈谈亚当·斯密的《道德情操论》。直到这个时候，我与《道德情操论》之间的"关系"才发生了改变。我承认，就是为了准备这个对谈栏目让我终于读完了这本书。虽然实际上我早就拥有了这本书——我早在三十年前就买下了它，当时我认为，一个经济学家至少应该拥有亚当·斯密的这两部著作，但是我一直没有打开过。现在，我终于把它从书架上取下来，然后翻开书本，从第一页开始读起。

> 无论人们可能认为某人有多么自私，但这个人的天性中都明显地存在着一些不同于自私的本性，这些本性使他关心别人的命运，把别人的幸福看成是自己的事情，虽然他除了因看到别人幸福而感到高兴以外一无所得。

整句话总共只有42个英语单词（95个汉字）。按现代的标准来看，这无疑是一个长句。为了理解斯密的这个长长的开篇语，我不得不多读上两遍。他要说的东西其实非常简单：即使是一个非常自私的人，也会关心他人的幸福。言之有理。我继续往下读。在花了不少精力后，我才读完第1—3页。合上书本，再一次，我不得不承认，我完全弄不明白斯密到底在说什么。这本书似乎是从某种论证的中间部分开始写的，它完全不同于《国富论》，《国富论》的开头读起来令人赏心悦目，就像一篇引人入胜的散文；《道德情操论》的叙述风格则是那种细水长流型的，"情节"的推进非常缓慢。我有了片刻的不安，也许我根本不应该同意做这个对谈节目。我不知道我是否能够弄明白这本书所要讲的内容，我开始变得局促不安起来，我想请求丹取消这个对谈节目。

节目无法取消，我只能硬着头皮继续读下去，希望能够找到一个突破口。终于，我开始找到了一些感觉，感到自己能够理解斯密所要表达的一些东西了。当我第三遍从头开始阅读时，我彻底被这本书迷住了，连去观看我女儿的足球比赛时也随身携带着。从这之后，在中场休息的时候，或者当我女儿临时退下时，我便抓紧时间全神贯注地阅读这本书。我开始在饭桌上大声地向我的妻子和孩子们朗读书中的一些章节，我希望激发起她们对这本书的兴趣，希望她们能够像我一样理解并迷上斯密关于如何处理好自己与他人关系的观点。这本书的所有空白处都被我打上了星号和感叹号——那是我对自己喜欢的段落所做的标记。当我读完这本书的时候，我真想爬上屋顶，大声地对所有人呼喊："这真是一本奇书，是一块被埋藏的宝石，你们一定要读！"

这本书改变了我看待他人的方法，或许更重要的是，它改变了我看待自己的方式。斯密让我知道了人与人之间是如何相互影响、相互作用的，而这方面恰恰是我以前从来不曾注意过的。斯密在这本书中给出了人们有关如何看待金钱、野心、名利和道德的永不过时的建议。他告诉读者如何找到幸福、如何对待物质上的成功和失败。他还描述了通往美德和良善的途径，并且说明为什么美德和良善是永远值得追求的。

斯密帮我弄明白了，为什么惠特尼·休斯顿（Whitney Houston）和玛丽莲·梦露（Marilyn Monroe）会如此不开心，为什么她们的死会让那么多人感到悲伤；他帮助我理解了我对我的 iPad 和 iPhone 的感情；他让我明白为什么对陌生人诉说自己的烦恼可以让自己的心灵得到平静，以及为什么人们会时不时地冒出一些可怕的想法，但是很少会真正采取行动；他帮助我理解为什么人们会崇拜政治家；他也让我明白道德是如何被嵌入世界秩序的构建当中的。

虽然亚当·斯密被尊为"资本主义之父"，并且写下了一本非常著名的书——那也许是有史以来最出色的书，一本解释为什么有些国家会比较富裕、有些国家会比较贫穷的书，但是他在《道德情操论》中却雄辩地证明（而且比任何其他人都更加令人信服），追求财富无助于幸福这个目标的实现。不要忘记，斯密还证明了（同样比任何其他人都更加令人信服），资本主义和自利都是值得推崇的。那么，他是如何把这两者协调起来的呢？这是一个谜，我试图在本书的最后向读者们揭开这个谜底。

斯密知道，过度追求物质享受会让人产生空虚感。他还深悉，人们拥有随时随地进行自我欺骗的潜能，并且随时有可能使自己陷入意外后果所带来的危险境地之中，更何况，人们时刻都有可能面临名望和权力的诱惑。人类的理性是有限的，有些看不见的东西使人们的生活变得如此地复杂，然而有时候又会使生活显得如此地有条不紊。《道德情操论》是一本探讨关于"人之所以为人"这个问题的书。斯密告诉我们，如果我们充分理解了"人之所以为人"的全部含义，那么我们就可以过上美好的日子，这是我们应该得到的"附带的奖励"。

斯密自己的日常生活是相当平淡无奇的。他于 1723 年出生于苏格兰的科卡迪（Kircaldy）。在他出生几个月后，他的父亲就去世了。斯密在 14 岁时进入格拉斯哥大学（the University of Glasgow）求学，之后去了牛津大学。在他于 1751 年被格拉斯哥大学聘为教授之前，曾经返回爱丁堡大学担任讲师。他在格拉斯哥大学任教期间，先是主讲逻辑学，然后是道德哲学。在这期间，他的母亲和他还未曾结婚的姨母也随他来到格拉斯哥大学，跟他一起住在格拉斯哥大学提供的一所房子里。1763 年他结束了他的教授生涯，接受了一个报酬更丰厚的工作：当上了年轻富有的布莱克公爵（Duke of Buccleuch）的家庭教师。

对于年届 40 岁的斯密来说，这是人生之路上的一个巨大变化，让他能够近距离地观察他那个时代的富人和名人的生活方式。在整整两年半的时间里，斯密与布莱克公爵一直在法国和瑞士旅行，一路上，他们见到了一些在当时非常著名的欧洲知识分子，其中就包括伏尔泰（Voltaire）、弗朗索瓦·魁奈（François Quesnay）和安－罗伯特－雅克·杜尔哥(Anne－Robert－Jacques Turgot)。结束欧洲之行之后，在接下来的 10 年时间里，斯密先回到了故乡科卡迪，然后又去了伦敦，全力投身于《国富论》的写作。

1778 年，斯密从伦敦搬到爱丁堡，与他的母亲和几位表兄弟生活在一起。同年，他被任命为苏格兰海关的五名专员之一，主要从事的工作是搜查违禁品和征收税款（这种税款就是今天所说的关税）。稍显悖谬的是，尽管斯密或许是政治经济学历史上最具影响力的自由贸易的捍卫者，但是在他生命的最后几年里，作为海关专员的他，却一直致力于打击走私和向进口商征税。

除了他去欧洲旅行的那几年外，斯密一直过着一种十分单调乏味、平淡无奇的生活。他是一名讲师、一个教授、一位导师，这三份工作他都做得非常出色，让他声名卓著，与他的现实生活具有天壤之别。对此，约瑟夫·熊彼特（Joseph Schumpeter）是这样描述的："在他的生活中，除了他的母亲之外，便不曾出现过其他女人，在这方面，与他的生活的其他方面完全一样。对于他来说，生活的全部魅力和激情就是写作。"虽然熊彼特说得夸张了些，但是斯密确实从未结过婚。他于 1790 年逝世，终年 67 岁。

这就是斯密的尘世生活。那么他的内心生活是怎么样的呢？斯密没有留下任何日记或日志，在临终前，他坚持把所有私人手稿全都付之一炬。除了少数例外情况，他的大部分信件都惜墨如金，而且非常务实，即使是写给他最好的朋友、伟大的哲学家、他的同胞大卫·休谟（David Hume）的书信也是如此。从斯密的尘世生活来看，他似乎并没有什么丰富的人生经验，但是他是如何直指人际交往的最深处，以及又是如何具有深刻的洞察力的？

我们现在当然知道，他成功地做到了这些，因为他给我们留下了《道德情操论》这部巨著。该著作首次出版于1759年，它共有6个版本，最后一个版本出版于1790年，也就是斯密去世的那一年，那一年他对这一版进行了大量的修订。从某种意义上说，《道德情操论》是斯密的第一本巨著，也是他的最后一本巨著。

我想，我可以理解他为什么在他晚年时要对《道德情操论》进行大幅修订，因为在当时，他已经没法再去做其他一些严肃的学术工作了。一旦你开始思考人类动机以及人性当中的闪光面和阴暗面时——福克纳（Faulkner）把这称之为"人类内心的自我冲突"——你就很难再去思考其他任何东西了。试图通过理解你的邻居来理解你自己，这种思考永远也不会过时。如果你有兴趣，那么细细思量和探索你与你的朋友、家人、同事、陌生人之间的所有交往，这样你每天都会得到一些全新的数据。

读了《道德情操论》之后，你就会意识到，道德和生命的意义以及人们的行为方式，自18世纪以来并没有发生多大的变化。这位智者的思想穿越了两个多世纪，紧紧抓住了你的内心，教会你如何认识自己，告诉你什么才是重要的。

让人高兴的是，斯密真的是一个写作高手。他诙谐、幽默而且非常雄辩。当斯密警告你不要对那些看起来似乎很神奇的小玩意儿太过着迷时，你会觉得他才华横溢，这时你会感到自己已经找到了智慧的神秘源泉。这就好比我们发现布鲁斯·韦恩（Bruce Wayne）这位活跃于交际场所的成功男人，还有许多不为世人所知的一面一样，而且他的不为人知的一面可能还比他的公众形象更加有趣。

那么，为什么在《道德情操论》里会隐藏着这样一个秘密呢？在斯密笔下，论述快乐、善良和自我认知的方式是非常古老的，而且文字读起来甚至还有那么一点点枯燥乏味，与18世纪流行的文风完全不同。更重要的是，在他的论述中，还留下了许多晦涩难懂之处。另外，书中偶尔还会一再回到他曾经论述过的某些东西上，你会发觉你自己之前已经读过这些内容了。这对于现代读者来说，重复往往会被认为是一个难以容忍的缺点。

但是不要忘记，斯密是在撰写一部学术著作，他是在利用自己的"人类动机理论"与同时代的其他学者进行智力竞赛。这些学者中的大多数，比如伯纳德·曼德维尔（Bernard Mandeville）、弗朗西斯·哈奇森（Francis Hutcheson）以及斯多葛学派的学者（the Stoics），长期以来都被大多数人遗忘了，同时被遗忘的还有他们探讨人性的独特的视角。然而，斯密却用大量的篇幅解释了，为什么他的理论和见解优于他的这些竞争对手。因此，《道德情操论》读起来根本就不像是一本励志书。

如果有更多的人来读《道德情操论》，那么我会喜不自胜。不久前，美国的一家出版社刚刚出版了一个非常优秀的版本，它定价也很合理，你可以在EconLib.org上免费阅读这本书的电子版内容。《道德情操论》的魅力在于斯密的散文式的语言，它有一种像诗一般的风格。斯密是一位伟大的文体学家，这可以部分地解释他的著作大获成功的原因。但是，对于像我们这样的21世纪的读者来说，古老的散文式风格实在是有点让人望而却步，因为它的句子往往很长，如果不经过一些训练，很难一下子就把握住它的句子结构。要完全读懂它们，我们得花些时间，还得要有耐心。但是，即使你有那么一点点忙，没有很多空闲时间，那也没有关系，因为我写这本书的部分目的就在于，把斯密的见解以及他这部著作中的精华部分介绍给你，以防万一你在阅读他的原著时，无法完全理解他的意思。

我的另一个使命是，把斯密的观点带进我们的现实生活之中，看看这些观点对你和我有什么用处。我们都认为自己是独一无二的（我相信你也是这么觉得的），但毋庸置疑的是，我们也拥有很多共同点，即我们身上有许多相同的优点和缺点。因此，我认为，当斯密告诉我一些关于我自己的东西的时候，他通常也在告诉我一些有关你的东西。这样一来，就有助于我搞明白，你喜欢我用什么方式对待你，同时也告诉你，你应该以何种方式对待我。而更加重要的是，斯密试图阐释清楚，是什么东西让我们感到幸福，是什么东西为生命赋予了意义。如果我们弄明白了这些东西，那无疑将是很有好处的。

在这本书中，我试图做到的一件事情是，尽可能地把斯密在《道德情操论》一书中告诉我们的经验教训转化为容易被我们理解、消化和吸收的东西。为了做到这一点，我的一个通常的策略是，跟随斯密的脚步，转述他在书中阐述的思想。但是，《道德情操论》这本书的叙述方式并不是线性的，而且现代读者对斯密在书中提出的许多问题和话题可能并不会太感兴趣。因此，我的做法是，将斯密给出的那些与现代人的生活密切相关的见解提取出来，然后以一种（我认为）读者更加容易理解的次序对它们进行重新组织。我将尽可能地直接引述斯密的原话——我会设法把从《道德情操论》中摘录出来的、我最喜欢的那些引文穿插进去——但是在必要时，我也会把这些引文分解开来，然后一一对它们进行评述，向读者们解释清楚，这位受过良好教育的绅士在1759年出版的这部不朽名著的隐喻和文体特色。除非我另有注解，否则所有的引文都出自《道德情操论》。在这些引文中，我偶尔会使用方括号"[ ]"来解释某个古老的单词或短语。在引文中，我没有沿用斯密的拼写，因此，原来的"labor"改为"labour"，"honor"改为"honour"，而"befall"这个单词里只有一个"l"。

你可能会提出一个问题，这部出版于18世纪的讨论道德和人性的著作，与经济学到底有什么关联性呢？（经济学是斯密最著名的遗产）答案很简单，事实上，今天的行为经济学家就是在经济学和心理学的交叉地带进行研究的，而这个领域又恰好是斯密最擅长的。但是除了行为经济学家之外，21世纪大多数的经济学家都在试图预测利率，在为降低失业率以及降低失业带来的负面影响而提供政策建议，或者都在忙于预测下一季度的国内生产总值。有时候，他们还试图解释为什么股市会发生振荡。当然，他们不见得擅长这些事情，相反，他们往往无法就经济运行最有利的政策达成共识。这种情况又导致非经济学家得出了这样的结论：经济学主要是一门关于金钱的学科，而且经济学家对未来的预测并不可靠，经济学家也不能成为经济引擎的最佳掌舵手。

不幸的是，媒体和公众希望经济学家给出答案的那些问题，恰恰很可能就是我们这些经济学家只能给出的最糟糕答案的那些问题。要对经济学问题给出一个精准的答案，就得先假设经济体是一个巨大的钟表或机器，它的内部结构已经被洞悉，而且能够非常精确地加以操纵。然而事实并非如此。经济学家未能预见大衰退，想不出何摆脱经济衰退的办法，或者也无法预测经济复苏的路径。确实，面对这些事实，所有的经济学家都应该谦卑一些。

但是，另一方面，经济学也确实是相当有用的。关键在于，恰恰是在那些人们特别希望经济学给出确切答案的"最具典型意义"的问题上，经济学却没有那么有用。当我告诉人们我是一个经济学家时，他们通常以如下的这句话来回应我："那么你的经济学知识在报税时一定很有帮助"，或者"你一定对股市很了解"。唉，我不是会计师，也不是股票经纪人，我只是一名经济学家，我不得不经常这样解释。但是，我确实从经济学中学会了一件非常有用的事情，那就是，对于股票经纪人给出的买入一只最近持续飙升的股票的建议持怀疑态度。虽然拯救你免于损失并不像承诺你会赚到几百万美元那么让人激动万分，但无疑它是相当有价值的。

不过，真正重要的一点是，经济学所能够给予你的，是一些比金钱更加重要的东西。

经济学帮助你明白，金钱并不是生活中唯一重要的东西。经济学告诉你，做出选择意味着放弃某些东西。经济学能够帮助你梳理清楚一些复杂的关系，它会让你明白一些看似毫不相关的人和事是如何联系在一起的。类似的见解和其他一些洞见散见于整部《道德情操论》之中。钱是个好东西，但是在你知道如何对待和使用它之后，钱才能使你的生活变得更好。我的一位学生曾经告诉我，她的一位教授说，学习经济学就是要学会如何在人的一生中获取尽可能多的东西。这种说法显然是荒谬的，尽管它可能会打动一些人，包括一些主修经济学的人。但是，要想过上最绚丽的生活，就得进行明智而正确的选择。做选择是经济学的精髓，你既要明白选择这一条道路就意味着放弃另外一条道路，同时还要明白，你自己的选择是与别人的选择休戚相关的。

如果你想做出正确的选择，那么你必须了解自己，同时还必须了解你身边的人。如果你想拥有一个灿烂的人生，那么理解斯密在《道德情操论》中所说的东西，可能比掌握斯密在《国富论》中的洞见更为重要。下面，就让我们开始阅读《道德情操论》吧！

第2章　如何认识你自己

在某一天的晚上，夜沉如水，你坐在你的办公桌位子上，用电子表格软件埋头制作一份计划书。不完成这份计划书，你就不能上床睡觉。同时，你还在绞尽脑汁地思考，应该为那些表格配上怎样的文字。但是在这个过程中，你的脑海深处的某个地方突然被触动了，你清晰地记起，你那14岁的孩子在这个晚上要去参加一场篮球比赛，你不知道他现在是不是已经出发了，以及你不在家，谁开车送他。

于是，在你往表格上添加一列内容的同时，你会想到你的妻子会不会带你的孩子去参加比赛。突然，你的某一位同事把头伸进你的办公室，大声地问你，你是否已经看到这样一则消息：中国发生大地震，成千上万的人死亡，失踪的人不计其数。"这太可怕了！"你回答道。你的面部表情说明你真的感到很悲伤。然后，你也许会到网络上去搜索更多的细节内容。在那一刻，你还会想到你在中国的公司有没有在震区。

但是，你还得重新回过头来填写表格。五分钟之后，你的妻子来了一个电话，她说她会带孩子去参加比赛——她说她联系好了，和其他孩子的家长拼车去。她还说，如果你的儿子得分了，她会给你发短信，她会让你知道比赛的进展情况。这真是太好了！这时你想到了你自己——你要在办公室里加班，有可能会比较晚才能回家，你得弄好这份计划书；如果没有这份计划书，你早就可以在家里好好享受晚餐时光了。

这时，你已经完全忘记了所有那些在地震中死去的中国人。

你不同意？好的，也许不完全是这样。从表面上看你似乎并没有忘记。如果过一会儿，你的另一位同事停下来问你，你是否已经知道这个消息，你会说，是的，那真是一场灾难。也许在别人又一次提醒之后，你会考虑捐点什么给红十字会。你之前甚至可能捐过了。

但是几分钟之后，即使你看上去并没有忘记在中国发生的这件事，你也不会再去想它了。你所想的是，如何快点完成这份计划书，你期待着一家人一起吃晚饭，并且听你儿子说说篮球比赛的情况。而当你的妻子发短信给你，告诉你孩子篮球打得很好、他所在的球队在上半场赢了对手 5 分时，你会为你儿子取得的成绩感到万分高兴，这份喜悦并没有因为如下事实而减轻一点点：成千上万的中国人在地震中死去了，无数个家庭变得支离破碎，许多人还在绝望中不顾一切地在废墟中寻找他们的爱人。这些人的痛苦很难穿透你的意识、驻足你的心田。那天晚上，在上床睡觉时，你的妻子躺在你的身边，对你感叹道，这场地震实在太可怕了，你会咕哝一声，表示同意，但是然后呢？然后你就睡着了，而不会对这场地震多想片刻。灾难的消息完全没有影响你的睡眠。

但是，请你想象一下，如果接下来发生的是另外一件事情，那又会如何呢？这一次，你的同事骤然出现在你的办公室里，他是来告诉你，他听说医院检验科给你打了一个电话（你当然知道这是一个什么样的电话）。前几天，你觉得手指疼痛，去医院做了一个小拇指活组织切片检查，这个电话就是通知你活组织切片的检查结果。毫无疑问，当你回电话时，你的心肯定是怦怦直跳的。如果检查结果确认你患了癌症，那么也就意味着，你将会失去这根手指头。

哎，不用那么悲伤啊，只不过是一根小拇指而已。不过，如果要弹吉他的话，没有小拇指肯定会有点困难，但是那又有什么关系呢？你以前没有弹过吉他，而且以后也不会学吉他。在电话中，医生向你保证，只要切掉小拇指就行了，没有必要进行其他治疗，你的生活几乎完全不受影响。他甚至已经为你安排好了明天的手术。但是，那天晚上，当你躺在床上的时候，你却再也无法入睡，你焦虑、害怕，希望整件事情只是一场梦。

在1759年出版的《道德情操论》一书里，亚当·斯密就洞察到了人性。根据他的理论，我们预料到自己会失去一根小拇指时的感觉，远远比听到在某个遥远的国度许许多多陌生人遭遇不幸死去时的感觉要糟糕得多。关于这一点，1759年时的人与现在的人并没有任何区别。与斯密那个时代相比，现在的电视和网络能够把发生在遥远的地方的悲剧更加真实地呈现在我们面前，但是斯密的洞见在今天看来依然十分正确。巧合的是，他也是从想象地震发生时的情景而展开论述的：

> 让我们假定，中国这个伟大的帝国连同它的全部亿万民众一起，全都突然被一场地震吞没了，然后我们来思考一下，一个同中国没有任何关系的富有人性的欧洲人在获悉中国发生这个可怕的灾难的消息时会做出什么反应。

那么，生活于欧洲的一个"富有人性的人"到底会做出怎样的反应呢？斯密说：

> 我认为，他首先会对这些不幸遇难的人表示深切的悲伤，他会怀着深沉的忧郁想到，人类的生活怎会如此不安定？这么多人，以及他们的劳动的全部果实，都化为乌有。是的，在顷刻之间就这样被毁灭掉了。如果他是一个投机商人的话，或许还会推而广之地想到，这种灾祸可能会对欧洲的商业和全世界日常的贸易带来一些什么样的影响。

在这里，斯密说，我们会表达我们的关切和悲伤之情，同时或许还会想到这种灾难的后果。当然，我们的言语将非常合宜，我们的表情也会恰到好处，但是这一切全都稍纵即逝。

而一旦完成了所有这些精细的推理、充分表达了所有这些高尚的情感之后,他就会像寻常那样悠闲和平静地从事他的生意或追求他的享受,照常休息和消遣,好像从不曾发生过这种不幸的事情一样。

是啊,无论结果是好是坏,生活还得继续。嗯,斯密的评价对我们中的大多数人都适用。斯密随后还想象到了,当我们预料到我们自己将会失去一根小拇指时,我们的反应又是多么地不一样:

任何一个可能落到他自己头上的最小的灾难都会引起他更加真切的不安。如果明天要失去一根小拇指,那他今晚就会睡不着觉;但是,倘若他从来没有见过中国那亿万民众,那他在获悉他们全都遭遇不幸的消息后就仍然能够怀着绝对的安全感呼呼大睡,亿万人的毁灭同他自己微不足道的不幸相比,显然是更加无足轻重的事情。

我们感知别人痛苦的能力与我们感知自己痛苦的能力相比,就好比蚂蚁跟大象相比,是那么微不足道。我完全能够理解这一点。但是,当面对"成千上万的人"的死亡时,我们真的更关心自己的小拇指吗?这个事实真的有点让人难以接受。在这里,斯密似乎说,人类的自利倾向高得简直不可思议。

这似乎印证了一个普遍的观点,那就是,斯密眼中的世界是被自私所驱动的。许多人经常讽刺斯密是安·兰德(Ayn Rand)的苏格兰先驱,安·兰德除了写过《阿特拉斯耸耸肩》(Atlas Shrugged)这本书之外,还写了一本名为《自私的美德》(The Virtue of Selfishness)的书。然而,实际上,在《道德情操论》一书中,斯密虽花了很多篇幅讨论各种美德,但是并没有称许自私。

斯密在他那本著名的《国富论》中提出的看法是，人从根本上讲是自利的，但自利与自私却并不是一回事。在《国富论》的开篇部分，斯密解释了专业化分工是创造社会繁荣的动力。在理想的情况下，人能够获得专门的训练并在某些方面特别擅长，而且能够有机会从别人那里获得自己所渴望的东西。但是，如果人都是自利的，那么为什么我们周围的邻居或陌生人会对我们伸出援助之手呢？他们为什么会赠送给我们那些我们自己无法生产的东西呢？斯密的答案很简单：我们的邻居之所以会帮助我们，是因为这种帮助对他们自己也是有利的。交易——我们可以返还一些东西给我们的邻居以报答他们的帮助——是我们得以维系专业化的力量之所在。这就是斯密所说的交易的真髓。对此，他在《国富论》里是这样写的：

> 任何想要与他人进行交易的人，都会给出这样的提议：给我那个我想要的东西，你就能得到这个你想要的东西。这就是每项交易的意义。正是通过这种方式，我们彼此都得到了自己所需要的帮助，或者至少是绝大部分所需要的帮助。

紧接着，斯密写下了他最著名的那段话：

> 我们每天所需的食物，不是出自屠夫、酿酒师和面包师的恩惠，而是来自他们的自利的打算。我们不用向他们乞求仁慈，而只需唤起他们的自利之心；我们从来不说我们有需要，而说对他们有好处。

对于人性的这一基本方面，几乎没有人会表示不同意，但是事实上记住这一点的人却并不多。作为一名教师，许多学生都会把他们写的求职信给我看，我看到他们在信中写的多半是他们多么希望到某某公司去工作，某某公司的工作将对他们意味着什么，等等。他们似乎认为，只要表达他们对去某某公司工作的渴望之心，就足以打动公司的招聘官，公司就会雇用他们了，实际当然不是。我总是鼓励我的学生们，让他们好好考虑他们的潜在雇主的自爱自利之心，而不要仅仅去试图唤起他们的人性。也就是说，应该多说说某某公司将从雇用他们身上得到的好处。你所掌握的技能对实现某某公司的目标有用吗？你对这些目标有什么想法？如果你想让他人反过来帮你做事，那么记住他人都关心自己利益这一点是大有好处的。

当然，这只适用于就业市场，它是我们生活中利益导向最明显的一个市场。事实上，在许多其他情况下，我们都需要考虑我们自己之外的许多其他东西，《道德情操论》开篇的第一句恰好说到了这一点：

> 无论人们可能认为某人有多自私，这个人的天性中都明显存在着一些不同于自私的本性，这些本性使他关心别人的命运，把别人的幸福看成是自己的事情，虽然他除了因看到别人幸福而感到高兴外一无所获。

人们关心他人，即使这种关心于己毫无益处也依然会这么做。但是，人们到底对他人有多关心呢？斯密所举的有关中国地震的例子似乎完全符合人性是非常自私的这种观点，但斯密接着问道：假设要保住你的小拇指，你得牺牲掉千千万万个中国人，那么你会怎么做呢？毕竟你不是天使，也不是圣人，你只不过是芸芸众生当中的一员，对你来说，几乎可以肯定的是，失去一根小拇指比千万里之外的千千万万的陌生人的死亡更加让你感到痛苦和焦虑，即对你的生活幸福程度和人生观更有影响。但是，如果真是这样的话，那么你应该很乐意让千万个中国人为了你的一根小拇指而牺牲生命。

然而，没有一个文明人，或者如斯密所说的，没有一个"有人性的人"会考虑这桩交易，即使连瞬间的犹豫也不会。斯密写道，即使只是想象一下这桩交易，人们也会悚然而惊：

为了不让他的这种微不足道的不幸发生，一个有人性的人甚至从来没有见过那亿万同胞，就情愿牺牲他们的生命吗？人类的天性让人想到这一点就会惊愕不已，即使世界腐败堕落到了极点，也绝不会生出一个能够干出这种事情的坏蛋。

据《塔木德》记载，希勒尔（Hillel）是生活于公元前1世纪的一名伟大的犹太圣人，他曾经提出过这样一个问题："如果我不为自己，谁会为我？如果我只为自己，我又是谁？"对此，斯密的回答是，如果你只为你自己，如果你为了保住你的小拇指而杀害千千万万个人，那么你只不过是一只披着人皮的狼。

因此，斯密接下来给出了人了解自己的第二个步骤。是的，人是非常的自利，但出于某些原因，人的行为看起来并非总是自利的。斯密试图搞清楚，人是如何调和自己的感情和行为的：

但是，这种差异是怎么造成的呢？既然人消极的感情通常是这样卑劣和自私，那么积极的道义又怎么会如此高尚和崇高呢？既然人们总是深深地为任何与自己有关的事情所动而不为任何与他人有关的事情所动，那么是什么东西促使人们为了他人更大的利益而牺牲自己的利益呢（高尚的人在一切场合都会这么做，普通的人在许多场合也会这么做）？

人人都有自爱之心，那么为什么人们常常会做出一些无私的举动而牺牲自己的幸福去帮助他人呢？

一个答案是，人与生俱来就是善良的、正派的，满含着斯密所说的仁慈之心或者被现代人称之为同情的东西。人都是利他主义的，都关心他人，不喜欢看到他人受苦。然而，斯密又提醒到，一个人失去一根小拇指给自己造成的困扰远远胜过数百万个陌生人失去生命给自己造成的困扰。

他反对如下观点：一个人之所以不会为了避免自己遭受小小的苦难而牺牲数以百万计他人的生命，是因为他作为人的仁慈或同情所致。斯密强调：

> 仅凭人性温和的力量，或者说，造物主在人类心中点燃的仁慈的微弱之火，是不能够抑制最强烈的自爱欲望之火的。

因此，问题就在于，如果人类的善良天性是如此稀缺的一种东西，那么人们为什么不曾变得更加自私、更加卑鄙呢？斯密的回答是，这是因为，人们的行为是由人们自己与斯密所说的人们心目中的那个"公正的旁观者"共同驱动的，这种共同驱动也是人们与想象出来的那个"公正的旁观者"所进行的一场虚拟对话的结果。"公正的旁观者"一直在旁边公正、客观地对人们自身的行为进行道德评判。当人们思考有关道德和权利的问题时，必须向那个"公正的旁观者"给出自己的答案。

这个"公正的旁观者"听起来很像人们自己的良心。斯密的贡献是，他为这个良心提供了一个非同寻常的来源。斯密并没有求之于人的价值观或者宗教信仰，或者当人们做出了任何不当行为时就会"通知"人们的良心去生成罪恶感或羞耻感的规则。相反，斯密说，人们想象着评判自己行为的那个人不是上帝，也不是任何社会规则，而是一直盯着自己看的"某一个人"：

> 这个人是理性、道义、良心，是人们心目中的那个居民，是判断人们自身行为的伟大法官和仲裁人。每当人们将要采取的行为会影响到他人的幸福时，是他，用一种足以震慑人们心中最冲动的激情的声音向自己高呼"我们只是芸芸众生之一，丝毫不比任何人更为重要"，"如果我们如此可耻和盲目地看重自己，那么就会成为别人愤恨和咒骂的合宜对象"。

对斯密来说,"公正的旁观者"会用一种谦逊的声音对人们说话,他提醒人们,自己是渺小的,世界是伟大的:

> 只有从他那里我们才知道,自己以及只与自己有关的事情确是微不足道的,而且只有借助于公正的旁观者的眼力才能纠正自己对那种自爱之心的天然曲解。是他向我们指出了慷慨行为的合宜性和不义行为的丑恶、为了他人较大利益而放弃自己最大利益的合宜性,以及为了获得自己最大利益而使他人受到最小伤害的丑恶。

在任何一个人的内心深处,都深知事实确实如此,即一个人对别人来说多少是微不足道的。但在很多时候,他总会觉得自己是宇宙的中心。我们把这种倾向称之为"你的铁律"——你总是考虑自己多于考虑他人。这是"你的铁律"的必然结果。但是,"我的铁律"总是让我更多地考虑自己,而不是为你去着想。这个世界就是这样。

你是否曾经向某人发送过请求帮忙的电子邮件,而他或她并没有作出任何反应?互联网时代,人们收到的电子邮件实在太多了,而需要及时回复的电子邮件也太多,以致很容易就会忘记回复,也许你也一样。你给别人发的邮件对你来说很重要,但是对于你向他请求帮助的那个人来说并没有多重要,你不要把这件事太当一回事。当我给某人发了一封邮件而没有收到对方回复时,我就假设这个人当初并没有收到我发的邮件。几天之后,我会当作从来没有给他发过邮件一样再重新发一封,我从来不抱怨。

我曾经送给托尼·斯诺(Tony Snow)一本我的书,当时斯诺是《今日美国》(USA Today)的专栏作家。当我并没有收到他的任何回复时,我认为他也许没什么兴趣写一点关于我的书的东西。有一天,我路过他的办公室时决定去跟他打个招呼。然而,当我走进他的办公室时,我就知道我遇到了"你的铁律"。在他的办公室里,四面都是书架,而且书架很高,从地板一直顶到天花板，书架上放满了各种各样的书；办公桌上也到处堆着书，甚至地板上也都是与人齐高的书堆。总之，放眼望去，到处都是书。所有作者都与我一样，都希望斯诺在他的专栏中提到自己的书。我甚至怀疑，我的书或许根本不在斯诺的办公室里，他可能从来就没有收到过我的书；或许即使他收到了我的书，也可能只是在收到书的那一瞬间瞄了一眼，然后就随手把它放进那一堆堆书中了。请忘记"你的铁律"吧！我曾经以为，当我的书送达斯诺手中时，他会坐在干干净净的办公座椅上认认真真地读我的书。而事实是，我的书的遭遇几乎与电影《夺宝奇兵》（*Raiders of the Lost Ark*）结尾时那个被送入政府仓库的药柜一样，再也不会有多少人想到它。

"公正的旁观者"提醒我们，我们不是宇宙的中心，我们并不比任何其他人更重要。记住这一点可以帮助我们与他人更友好地相处。"公正的旁观者"是我们内心深处的声音，这个声音会提醒我们，纯粹的自利是怪诞的，而为他人着想是光荣的、高尚的；这个声音还提醒我们，如果我们为了自己的私利去伤害他人，那么我们将会被任何一个公正看待问题的人所唾弃、憎恨甚至鄙视。退一步说，如果我们只为自己，那么也未免太不体面了吧！

斯密也拒绝接受如下观点，即人们之所以做"正确的事情"，是因为从某种抽象的意义上来说富有同情心并关心他人，斯密说：

> 促使人们在各种场合践行神圣美德的并不是对邻人的爱，也不是对人类的爱。它是通常会在这样的场合产生的一种更强烈的爱，一种更有力量的感情，一种对光荣而又崇高的东西的爱，一种对伟大和尊严的爱，一种对自己品质中的优点的爱。

如果说人们身上的自爱是天生的，那么关爱邻居就并没有那么容易。斯密说，虽然我们爱邻居并没有像我们爱自己那样深，但有时候我们会假装一样深。实际上，驱使我们做出慈善行为的情感，与驱使我们保护自己并让自己免受痛苦和伤害的情感，并不是同一种情感。我们之所以愿意去关照我们的邻居，是因为我们对光荣和高尚行为的渴望，是为了满足那个我们想象中的"公正的旁观者"所设定的"标准形象"。

我曾经与一个朋友讨论过有关上帝和道德的问题。相信上帝会让你减少犯罪或者犯错误的机会吗？如果你知道你完全不可能被抓住，即如果你知道你的罪行必定不被人所知、必定能够逃脱惩罚，那么会怎样呢？对于这种情况，从表面上看，只要你不承认，肯定没有人会知道。但是，我的朋友笑着说，如果你相信上帝的存在，那么上帝就会知道。

斯密的观点是，你自己时刻在看着你自己，即使你只有自己一个人，完全没有机会被抓，即使你知道没有别的人会知道你正在偷窃。但是当你正在冥思苦想你该如何行动时，你会想象有这么一个局外人——"公正的旁观者"——正在注视着你，他会对你的失德行为做出反应。这时，你自己跳出了自己的身体，用一个旁观者的眼光来审视自己的行为。

在音乐剧《悲惨世界》（*Les Misérables*）中，冉阿让（Jean Valjean）是一个逃犯。然而，一个酷似冉阿让的人被捕了，他将会替代冉阿让坐上很长一段时间的牢。冉阿让的运气似乎非常好，他有可能获得终生自由，只要这个错误不被发现。为了自己的私利，让一个无辜的人受苦，可以吗？冉阿让问自己那个希勒尔曾经提出过的问题（它也是斯密的问题）：我是谁？我可以为自己着想吗？是的。但是我只为自己吗？剧中的主题曲《我是谁》表明冉阿让产生了激烈的思想斗争：可以获得自由的自利想法诱惑着他，但是这种自由是以另一个无辜的人在监狱中遭受奴役为代价的。当然，这种自私的想法符合那种狭隘的理性，即自由当然比待在监狱里要好。但是，冉阿让拒绝去这样评估。如果他真的自私地这么做了，那么他该如何面对他的同胞？如何面对自己？只有自首，他才能找回他心目中的那个冉阿让。

为了拯救别人而让自己受苦受难似乎是不合常理的。斯密所说的东西用现在的话来说就是，现代经济学只考虑物质的成本和收益的计算模型是有缺陷的。在一个将来你永远也不会第二次再去的餐馆就餐时，你给了服务员小费；将一笔善款匿名捐赠给某个慈善机构；不求回报地献血，甚至捐肾。所有这些行为都是完全合乎情理的，人们在做这些事情时是高兴的。

关于人的道德感是与生俱来的还是后天习得的，在心理学界和哲学界长期聚讼纷纭。许多心理学家和哲学家都认为，人的大脑原本是一块白板，所有的印记都是通过文化熏陶烙上去的。道德的一切都是相对的，这取决于每个人成长的环境和受教育的方式。然而，在最近出版的一本关于道德心理学的书《正义之心》（The Righteous Mind）中，社会心理学家乔纳森·海特（Jonathan Haidt）认为，已经有越来越多的证据表明，道德并不仅仅是情感的文化烙印。虽然斯密没有从这个角度探讨过这个问题，但是他倾向于道德是与生俱来的。他认为，人们渴望被自己周围的人认可，这种渴望之情是被深深嵌入内心的。人们的道德意识来自自己被他人认可和不被他人认可的体验，当这些体验得到回应时，人们会就开始想象有一个"公正的旁观者"在评判自己。

人们做出任何一个行为——不管它是一个可敬的行为，还是一个可耻的行为——都会被自己所想象出来的那个时刻警惕着的、专事评判工作的"公正的旁观者"所激励。这一观点为我们提供了一个强有力的自我完善的工具。试想一下，有那么一个"公正的旁观者"在鼓励着我们，让我们超越自我的限制，用他人的眼光看待自己，这无疑是一种勇敢的行为，也是我们大多数人终其一生都不愿意去做或者很少去做的事情。但是，如果你能够做到这一点，并且做得很好，如果你可以"灵魂出窍"，然后让那个出窍的灵魂一直高高地站在自己头顶上方，观察着自己的一举一动，那么你就开始懂得了你到底是谁，以及如何才能完善自己。跳出自己其实是给所谓的"正念"一个机会，"正念"指的是留心观察并且正视自己的缺点和习惯，而不是漠视缺点并任其滋长。

我们所有人都喜欢把自己看作一个好人。即使是一个杀人犯，也总是高估他自己，向人们解释他的行为的正当性。但是，如果你想成为一个真正的好人，一个现实生活中的好人，而不是只在自己脑袋中想象的样子，那么你就应该知道自己该抵制些什么。你必须摒弃"你的铁律"。如前所述，"你的铁律"就是不可避免地会出现的以你自己为中心的观念，这种观念不仅把你自己放在第一位，而且它还会让你伪装成一个好人，即使你并不是。考虑一下这个"公正的旁观者"——一个头脑冷静、完全不会受到激情影响的观察者，他不仅会让你变成一个更好的人，而且还会让你在工作和生活中变成一个有更高效率的队友、更好的朋友以及更细心体贴的配偶。

就拿最基本的人际交往或者人与人之间的交流这件事来说吧。大家都知道人们总是喜欢喋喋不休地谈论自己，许多人都会不自觉地"霸占"整个谈话过程，而不给他人留下任何时间。你可能很难注意到，其实有时你就是那个喋喋不休的人。我们喜欢谈论自己，我们喜欢发表自己的观点，我们总是有太多的话要说。静下心来回想一下，当你与他人交谈时，你是不是只顾一个接一个地讲与自己有关的事情，而从来不去请你的交谈对象讲讲他自己的事情。你是否做到认真倾听并且试图理解别人，而不是不等对方讲完就迫不及待地发表自己的看法或者告诉别人你的另一个故事。你是否想过，那个想象中的"公正的旁观者"该会如何评判你的谈话风格。你是否想象着存在一个"公正的旁观者"可以帮助你扭转交谈气氛，让更多的人参与到谈话中来，也就是把交谈变成一场真正的对话，而不是大家相互竞争的独白。

当我在2006年第一次开始做播客时，我每星期都要采访一些嘉宾，我那时说的话确实比我现在说的要多得多。我对我的嘉宾所说的每一句话都想做一个点评，嘉宾每回答完一个问题，我就会加入自己的一番评论。嘿，我是主持人，我对我自己说，人们想听我的意见，我有许多话要说，不是吗？或许是的，或许有时候是这样。当然，并不是所有的时候都需要我的评论。然而对此，我并不需要一个"公正的旁观者"来提醒我，有时候某一个现场听众就会抱怨说我说的太多了。幸运的是，"我"跳出了自己的身体，然后审视了自己的行为，意识到对我抱怨的听众是对的。当我把更多的空间留给我的嘉宾并让他们在播客中说得更多时，我的播客更受欢迎。

或者请再审视一下你对轻视小小的不公正所做出的反应吧！有时候我们会因本该忽视的、无关紧要的事情感到非常烦恼，我们总是沉浸于愤怒、怨恨和不公平感当中无法自拔。斯密鼓励我们自己跳出自己的身体，以一个旁观者的身份问问自己，我们是否更多地满足于充当一个只会抱怨、发牢骚的卑微者，而不是一个正义的斗士。为了摆脱这种不公平感，斯密告诉我们一个找到平静的方法，那就是多感恩、少抱怨。

某一天，当我和我的妻子坐在车里时，我提到我已经重新安排了下次会议的时间，因此我可以和她享受一下二人世界。但是她告诉我重新安排的时间与我必须为孩子做的某些事情的时间相冲突。我是不是没有读过她发给我的电子邮件？我确实读过这封邮件，但是当我重新安排会议时间时忘记了。我觉得自己像个白痴。没关系的，我妻子说，只不过再重新安排一下会议时间就可以了。

但是我总觉得这是一个大问题，因为我不好意思再次改变会议时间。接着我发现，我讲话的声音提高了，我迫切想要让我的妻子明白，重新安排会议时间是个多么糟糕的主意。实际是我反应过度了。五分钟后，我心中那个"公正的旁观者"提醒我重新审视一下刚才发生的事情，我发现我对我妻子太不公平了。尽管表面上看我是在怒容满面地对我的妻子大喊大叫，但实际上我真正是对我自己生气，让我陷入尴尬境地的也是我自己，是我自己忘记了那封电子邮件，于是我向我妻子道歉。

我希望我能够早点想到那个"公正的旁观者"。说实在话，如果有一个真正的旁观者，即车后座上真的坐着一个我们的朋友，那就不会让我变得如此沮丧了。一个真正的旁观者会平息我的愤怒，我也不会条件反射般地进行反击,而是会静下心来问一下自己和我的妻子,有什么办法既可以解决照顾孩子的问题,又可以不需要重新再一次安排会议,或许问题就可以顺利地解决了。

也许你曾经付钱请某人来帮你修剪草坪或进行大扫除,或许你曾经雇用过某人来帮你修理坏了的物件,也许你作为部门经理你的员工会向你报告工作当中的一些问题。以上所有情况下,你也许想用别人所喜欢接受的方式对待别人,但是这很难做到,因为你是那么忙,你有那么多的责任要负。如果有时候你粗鲁地对待别人,或者没有顾及别人的感受,那么你希望与你共事的人能够不把这类事情放在心上(根据疑罪从无的原则)。如果真是这样,那么那个"公正的旁观者"会认为你是一个和蔼、体贴的老板呢,还是一个不甚理想的老板呢?

如果你想把你手头上的事做得更好,如果你想让生活变得更美好,那么请你多加留意吧!如果你多加留意了,那么你会记住什么是真正重要的东西,以及什么东西是真实而持久的,什么东西是虚假而短暂的。想想那个"公正的旁观者",他可以帮助你了解你自己,帮助你成为一个更好的老板、一个更好的配偶、一个更好的父亲或母亲以及一个更好的朋友。想想那个"公正的旁观者",他可以帮助你与真实存在的、现实生活中的旁观者互动,并且改变他们对你的看法。这真是太好了!斯密还进一步指出,比留意观察自己的行为给你带来上述诸多好处更加重要的是,它实际上还会让你感到平静、安宁和幸福。

第 3 章 如何使自己快乐

假设你现在十九岁,你的梦想是成为一名音乐家,而你现在还是一名斯坦福大学的大二学生。要想成为一名音乐家,还有很长的路要走,并且不一定会成功,而拿到斯坦福大学的学位却是一件相当有把握的事情,并且斯坦福大学的学位也会给你带来很大的益处。你的父亲是一个非常富有的人,他告诉你他现在就把应该属于你的那部分遗产给你。此时对你来说这份遗产来得正是时候,对你非常有用。这份遗产——你父亲公司的市值 90 000 美元的股票——相对于你父亲的财产来说也许只是九牛之一毛,但对你来说,它可算得上是一笔不小的财富。但是他告诉你,别指望再从他身上拿到任何其他东西了,就这样。

你可以把股票卖掉,然后开始你的音乐生涯。或者,你也可以走一条更安全的职业道路,并且一路持有这些股票。不同的选择会带来各种各样不同的结果:你的音乐生涯可能会一路红红火火,也可能会暗淡无光跌落谷底;你持有的股票的股价可能会扶摇直上一路飙升,也可能会一落千丈全盘崩溃。那么你该怎么办呢?这真是一个艰难的抉择。让我们暂且先撇开一些不确定性的因素来设想一下吧!如果你卖出股票以成就你的音乐事业,那么我们看到的未来是,你的付出获得了回报,你将实现你的梦想,你将会成为一名成功的音乐家。你虽然不一定能够成为路易斯·阿姆斯特朗(Louis Armstrong)或者莫扎特(Mozart)那样的家喻户晓的人物,但是你将会成为一名成功的电视、电影的词曲作者,你将会赢得你的同行的尊敬。你不会成为一个穷困潦倒的艺术家，你将会过上优渥的生活。这是一条道路，并且看起来似乎是一条相当不错的道路。

第二条道路是你放弃成为一名职业音乐家的梦想，待在学校里好好读书，并且持有股票。怀揣着斯坦福大学的学位，你将会在一个不错的行业中找到一个不错的职位，只是这并非是你的梦想职业之一。之后，你将你持有的股票作为一种投资。你的股票做得很好，这非常好！我们还可以进一步设想，你在19岁时获赠的股票市值只有90 000美元，但是在接下来的35年时间里，它变成了1亿美元。成为一名音乐家的收入根本无法与之相比，音乐家的生活与你作为股票投资人的生活相比，简直是一种穷光蛋的生活。

那么，哪条道路可能会让你更快乐呢？你应该追随你的梦想，还是应该去赚大钱？你愿意为实现你的梦想付出多少代价？如果你想拥有一个绚烂多彩的人生，你应该选择走哪条道路呢？当然，有的读者可能会说"我并不想成为一名音乐家"，那也没有关系，你可以选择自己的梦想。对你来说，什么职业给你带来的快乐比足够富有带给你的快乐更大，这就是你的梦想。或者，一时半刻你也想不出什么样的职业能给你带来最大的快乐，也许金钱对你具有更大的诱惑力，并且预期将来你可以过上极度富有的生活时，那么这样你会很乐意放弃你梦想中的职业。

不过话说回来，生活中的大多数选择都没有这么戏剧性，况且我们中的大多数人都不可能像沃伦·巴菲特（Warren Buffett）的儿子彼得·巴菲特（Peter Buffett）那样幸运。他所拥有的股票的价值，在最近的35年时间里真的翻了1 000倍。沃伦·巴菲特是一位伟大的投资家，他的公司的名字叫作伯克希尔·哈撒韦公司（Berkshire Hathaway）。实际上，沃伦的儿子真的选择了一条成为一名音乐家的道路。他在19岁时从斯坦福大学退学，之后卖掉他父亲给他的股票，然后请他父亲帮助他规划和预算，以便保证他可以凭借这90 000美元尽可能久地维持生活。然而4年过去了，彼得·巴菲特的事业并没有什么起色，他只能勉强糊口。他住在一间小小的公寓里，开着一辆破旧不堪的小汽车，他努力想在音乐界找到一份能够度日的工作，但几乎每次都以失败而告终。然而，突然有一天他时来运转了，他的一位邻居把他介绍给了一个人，这个人需要为一个新成立的有线电视频道做一则插播广告，这个频道就是著名的MTV音乐频道。之后好事接踵而至，从此彼得的音乐生涯便开始走上了正轨，他最终也成了一名成功的音乐人。当然，从他身上可以看出，成功向来是来之不易的。彼得·巴菲特为电影和电视作曲，并且他还由于为一部电视纪录片写的配乐而赢得了艾美奖。他过上了有意义的生活，做着他自己喜欢做的事情。

那么，他的选择是正确的吗？

对你来说，这或许是一个很容易回答的问题。然而，它也可能并没有初看上去那么容易回答。正如我们将在本书第5章中看到的那样，亚当·斯密并不热衷于追求名利。关于什么才是我们真正想要的，什么才能让我们真正感到快乐，他的观点直指问题的核心，他用了寥寥数语就切中了要害：

> 人，不仅天生希望被爱，而且也天生希望自己可爱。

这句话看似简单，但实际并非如此，其原因有二：首先，斯密的用词与我们现在的用词稍有不同，所以理解这句话需要花点心思。其次，斯密赋予了这短短的一句话以丰富的内涵。

斯密对人类的欲望作出的总结的第一要义——人们希望被爱——看起来似乎简单明了，但斯密在这里所说的"被爱"与今天我们所讲的"被爱"，并不是同一个意思；今天我们所讲的"被爱"是与浪漫爱情和温馨家庭联系在一起的，而斯密却赋予了"被爱"这个词更加完整的意义：我们希望人们喜欢、尊重并关心我们；我们希望自己被理解、被需要、被赞扬和被珍爱；我们希望其他人能够关注我们、把我们放在心上；我们希望他们需要我们在他们身边并因有我们的相伴而感到快乐。

确实存在着这么一些人，他们宣称他们一点儿也不在乎别人怎么看他们，但这通常只不过是一种作秀而已，是言不由衷的。这可能只是他们在没有"被爱"、得不到别人的尊重以及不被别人理解的时候，不得不采取的一种自我保护方式。那些平常表现出并不怎么在乎别人看法的人，其实很可能拼命地想得到别人的认可。大多数人都希望被他人所爱，斯密说，这是人与生俱来的欲念，是人类天性的一部分，并且还不止于此，他还说，"人类幸福的主要原因在于为人所爱的感觉"。

斯密说，人类的幸福不仅仅来自发现自己被人敬爱，而且还来自发现自己值得被人敬爱、有资格被人敬爱：

> 有什么样的幸福胜过我们被人所敬爱，并且知道我们值得被人所敬爱呢？有什么样的不幸比我们遭人怨恨，并且知道我们活该被人怨恨更凄惨呢？

前面我们已经讲到，当斯密想知道为什么人们不愿意做那些在道德上会受他人谴责的事情时，他"搬出"了一个人们心目中的"公正的旁观者"。这就是说，他认为存在一个客观的"公正的旁观者"，该旁观者时刻注视着人们自己，使人们不得不控制自己的行为。但是，在这里，当谈及幸福时，斯密所诉诸的是真实存在的旁观者，即那些在我们的社交圈子内外真正会对我们的行为做出判断的人。斯密这里所说的是，当我们身边的人因为我们的所作所为以及因为我们本人的原因而喜爱我们时，我们会感到幸福。

你可能会反对斯密的观点，并且认为，如果人的动机是为了获得他人的认可，那可能是不健康的。但是，斯密在这里并不是认为，人们的人生目标就是打动自己周围的人以便让自己快乐。这种勉强让自己为他人所爱的方式是错误的。对斯密来说，为他人所爱是"可爱"所导致的一个自然的结果。那么，斯密所说的"可爱"到底是什么意思呢？

用今天的语言来说,"可爱"意味着有魅力或者令人满意,例如,"这是多么可爱的一个花瓶啊",或者"她给我发了一封可爱的感谢信",类似这样的句子所表达的意思就是如此。但是,当斯密说人们希望自己可爱时,他的意思是,希望自己值得为人所爱。与斯密所说的"可爱"有点接近的一个单词是"*lovable*"(讨人喜欢)。不过,尽管"*lovable*"这个现代单词已经含有多样化的情感色彩,但是它仍然不足以表达斯密内心所要表达的那个"可爱"的丰富内涵。他说,我们希望自己被别人认为是一个正直、诚实可信和洁身自好的人;我们真诚地希望自己因能够赢得他人的尊重、被人赞美、受人关注而自然而然地获得良好的名声或声誉;我们希望自己成为一个值得为他人所爱的人;我们希望别人对我们的敬爱是真诚的,而不是虚假的。斯密的意思是,我们在意我们的名声,即我们在意别人对我们的看法;我们很关心自己真正的声誉,因为它可以反映出我们真正的自己到底是什么样的。

下面给出了斯密关于"被爱"和"可爱"的最全面的含义:

> 人,不仅天生希望被爱,而且也天生希望自己可爱,或者说,任何一个人都希望自己是一个自然值得被爱的家伙。他不仅天生害怕被人怨恨,而且也天生害怕自己可恨,或者说,害怕自己是一个自然活该被人怨恨的家伙。他不仅希望自己受到赞美,而且也希望自己值得赞美,或者说,希望自己是一个自然值得受到赞美的家伙,即使这家伙没受到任何人的赞美。他不仅害怕受到谴责,而且也害怕自己应该受到谴责,或者说,害怕自己是一个自然活该受到谴责的家伙,即使这个家伙没有受到任何人的谴责。

当我们因为自己的可敬、荣耀、无可指责、慷慨大方以及善良赢得别人真诚的钦佩时,我们就会感受到真正意义上的快乐。

可爱本身就是我们追求的目标。想想我们的婚姻生活吧。你想成为一个好丈夫,并不是因为你想让你的妻子善待你,而是因为这本来就是一件正确的事。可爱并不是一种要求得到回报的投资。这也就是为什么在一段美满的姻缘中,你肯定不会斤斤计较的原因。我不会说,我已经为你做过了一些事情了,现在该轮到你为我做些事情了;我也不会说,我去杂货店买过东西了,现在该轮到你去陪孩子们踢足球了。当你承受压力时,我对你好好的,现在我承受压力了,你也必须对我好好的。或者,我也不会说,在四个任务中我已经完成了一个,剩下的三个任务就轮到你去完成了;你与你的朋友聚会时,我已经陪着参加了两次,因此接下来你也要陪着我去参加我与我朋友的两次聚会。

如果你把作为一个丈夫或妻子理当要做的事情当成一种投资来看待,或者进行"成本效益分析",那么你便无法拥有一个以爱为动力的婚姻。在那种情况下,你只是完成了一个互惠互利的合约而已。这种互利互惠的行为,与我跟屠夫或面包师之间的互利互惠的行为没有什么两样。我并不希望我与我妻子的婚姻是这样一个合约的结果。在美满的婚姻生活中,你会从帮助你的配偶的过程中得到快乐,并且这完全只是因为你想要成为一个可爱的伴侣。婚姻并不是一场比赛,不需要弄清楚谁将获利更多。我的婚姻并不完美,事实上,没有人的婚姻是完美的。但是,每当我面对伴随着婚姻而来的任何一个挑战时,我都很清楚,真正有价值的是"多给予,而不是少付出"。是的,我要努力让自己变得更可爱。

当你内在的自我与外在的自我互为映像时,斯密式的理想就实现了。当然,斯密很清楚,人们经常达不到理想的状态。这里有一个反例:在没有被揭穿之前的那些年里,伯纳德·麦道夫(Bernie Madoff)作为一名成功的投资顾问,一直被外界认为是一个金融天才,凭借着他的"智慧和远见",他似乎总能为那些信任他的人赚取足够高的收益回报。这种稳定的高收益回报看起来似乎是一件板上钉钉的事,然而事实是,只有当不断有新的投资者参与进来并为这个"庞氏骗局"(Ponzi scheme)注入新的资金的时候，稳定的高收益回报才是一件没有任何悬念的事情。人们以为麦道夫是一位伟大的投资家，他犹如一位魔法师只赚不赔，人们因此敬爱他、崇拜他。然而，麦道夫自己非常清楚自己其实就是一个骗子，他知道自己并不可爱。他承诺给人们带来高回报，但是他获得的回报并非来自他作为一名投资者的能力和技能，而是来自他欺骗人的技能。

相反的一个例子是沃伦·巴菲特，即彼得·巴菲特的父亲，人们称他为"股神"，他似乎真的拥有非常好的判断力和真正意义上的卓识远见，他真的有能力把90 000美元的投资变为1亿美元。因此，按斯密的意思来解释，即使在麦道夫的庞氏骗局被发现之前，巴菲特也一直比麦道夫更能安然入睡、更加快乐。这不只是因为巴菲特不必像麦道夫那样为了吸引新的投资者来掩盖他的骗局而成天担忧，而且还因为他也不像麦道夫那样是一个欺世盗名之徒，声誉和现实不符。斯密的理论暗示，麦道夫在进监狱之前之所以不快乐，不是因为他害怕被抓住，而是因为在他自己看来，他实际上早已经被抓了，他是一个失败者，甚至在他还未被外人觉察之前，他自己就已经知道这一点了。据报道，当麦道夫被捕时，他表现得如释重负。这其实不难理解。

或者，再想想兰斯·阿姆斯特朗（Lance Armstrong）吧，他一直对外界极力否认自己曾经使用过兴奋剂。年复一年，他的朋友们捍卫着他的声誉，然而，阿姆斯特朗本人却知道，他们其实是在捍卫一个谎言。在很长的一段时间里，他非常受人爱戴，然而他并不可爱。这必定让他从喜爱他的人那里获得的快乐打了折扣。他的名声与实际情况也是不相符的。他之所以不够快乐，并不只是因为他担心自己总有一天会被"揪出来"，关键在于，他深知自己的公众形象是由谎言筑成的，与他自己的真实情况是互相冲突的。

斯密意识到，人们会自己欺骗自己，会无视自己的缺陷和不可爱之处，甚至将之合理化。在本书的下一章，我们将着眼于人的自我欺骗问题，并讨论对自我意识的挑战。无论如何，一个人被爱并真正可爱，而不只是想象着自己被爱和可爱，才是最理想的。

那么，斯密在阐述什么是为人所爱以及可爱的时候，他想要表达的东西到底是什么呢？要想领会斯密的思想，一个可行的现代方法是，考察为人所爱以及可爱的真实性。人们希望自己是真正为人所爱以及是真正可爱的，并且希望自己周围的人对自己的看法是真实的。有时候，即使某人受到了他人的尊重、敬爱和关注，但如果那不是他应得的，那么也就是不真实。而如果某人被别人认为是可爱的，但是他自己知道他并不可爱，那么这也就意味着他生活在谎言中。

因此，斯密说，如果我得到了我不应得的赞美，那我就会觉得不安。他还说，赞美让人感觉良好，但是不要忘记，如果这种赞美是不应得的，那么它就不可能让你快乐。为什么呢？因为这好比受到赞美的是另外一个人而不是你自己一样。

> 某个人如果因为我们没有做的行为而称赞我们，或者因为对我们的行为毫无影响的动机而称赞我们，那么，他所称赞的就不是我们而是别人，我们不可能从他的赞美中获得任何满足。

紧接着，关于这种赞美为什么会让我们觉得不安，斯密还补充了一个非常有洞察力的见解。他说，这不仅仅在于这种赞美是不诚实的，而且还在于这种赞美提醒了我们，我们可能做了些什么。

> 他这种赞美比任何谴责更让我们感到羞辱和伤心难过，并且会不断地使我们想起所有回想中最令人沮丧泄气的那种回想，即想起我们应当是什么样的人，但实际上却不是那样的人。

因此，如果有人因为我"自愿承担"了某一社区项目而夸奖我慷慨大方，而实际上我并没有做出任何贡献，那么，这种赞美就不仅仅是错误的，而且还会提醒我，我错过了一次慷慨大方的机会。不当的赞美不仅是一种谴责，而且它实际上还是一种提醒，即它提醒我，我本来可以成为更好的人。

当然，有些人可能很乐意忽略谴责而享受斯密所说的"毫无根据的赞美"；或者更糟糕的是，有些人就像阿姆斯特朗或麦道夫那样，试图去追求一些不诚实的赞美。

> 一个愚蠢的说谎者，为了让自己的朋友钦佩自己，会竭尽全力吹嘘自己子虚乌有的冒险经历；一个妄自尊大的纨绔子弟，会装模作样地摆出地位尊崇的样子，虽然他明明知道自己完全没有正当的资格享有那样尊崇的地位。这两类人无疑都会因为自以为受到他人的赞美而高兴。

斯密对沉迷于这种冲动行为的人批评是非常尖刻的：

> 只有最软弱且最肤浅的那些人，才会因为获得他们自知完全不应受的赞美而兴高采烈。有些软弱的人有时候会欣喜于这种赞美，而真正的智者却无论在什么场合都会拒绝这种赞美。

不可爱而为人所爱，不值得赞美而被人赞美，这对软弱和愚蠢的人是一种诱惑，但对明智的人却并非如此。斯密在《道德情操论》一书中鼓励人们努力去调和内在的自我和外在的自我。人们有时候可能会受到诱惑，享受"不可爱而为人所爱"所带来的虚幻的美妙感觉。但是他说，明智的人能够避免受到这种诱惑。

斯密表示，所谓的"不应受的赞美"是指那些因误解而产生的赞美，即仰慕我们的人认为我们是这样的人，但其实我们并不是这样。我们自己比别人更清楚自己是怎么样的人，因此最好自己去纠正自己的这种错误。

但是，还存在着另外一种"错误的"赞美，人们可能会抵挡不住这种诱惑而相信这种赞美，即奉承。有些时候，奉承只不过是一种社交礼仪而已，比如对某人的恭维。另外一种奉承则是虚假的赞美，是别有用心，可以称之为策略性奉承。斯密给出了一种机制来解释为什么奉承会如此有魅力。用他的话说，策略性奉承指的是，别人试图让你感受到比你应该得到的更多的"爱"，因为奉承者希望因此而获得一些回报。

我的一位朋友得到了一份工作，是一个医疗保健基金会的高级主管的职位，他有权决定基金会每年数百万美元的拨款。当他接受这份工作的时候，他的另一位朋友 A 君说，恭喜你，你再也不用自己支付晚餐费了；但是，我也恭喜你，你再也不会收到任何真诚、发自内心的恭维了。我认为，A 君这句话的意思并不是说，我的这位朋友以后再也得不到符合字面含义的真诚的恭维了；他的意思无非是，我的这位朋友将会很难区分自己所得到的恭维到底是不是真诚的，因为有太多人会为了迎合他想要"为人所爱"的欲望而说出许多不真诚的恭维话。策略性奉承是虚假的爱，它会让有些人感觉到这是一种自己不应得的爱。

我的学生们在上交期末试卷的时候经常跟我说，他们很喜欢我的课，在这种情况下，我总是会觉得有点儿尴尬。他们中的一些人，也许是所有人，可能确实是这个意思。但是，我对在考试评分之前说这句话的人数与在考试评分之后说这句话的人数进行了比较，结果让我相当吃惊。我认为学生们所说的策略性奉承确实存在，因为在考试刚刚结束时，学生们比课程结束一个月后更容易在教室里找到我。同时，有些学生（具体人数我无从得知，而且其中有的学生可能是无意识的）认为，如果他们送了我一份"你是一个好老师，我们爱你"的礼物，那么，我可能会感到对他们有所亏欠而给他们一个更高的分数。

我的一位朋友多年以来一直都是某一个组织的领导，但是如今他已经精疲力竭了。他决定改变一下自己的职业生涯，尝试着做一些不一样的事情。他计划的改变是，把他的继任者推上领导岗位。在完成了这个转变之后，他约他的继任者一起喝咖啡，并且问他感觉工作如何，以及是否很享受当领导的感觉。"一切都很好"，他的继任者说，"但就是有一件事情困扰着我"，那就是，在成为领导之后，"似乎我说的笑话突然变得更加有趣了"。这位继任者的语言表达一向很有幽默天分，在每周例会上，他的幽默的话语经常能够给与会者带来一些小小的欢娱，但是在成了其他人的领导之后，同样风格的语言表达却带来了特别多的笑声。他的内心想相信，他在这段时间里变得更幽默、更有急智了，但是他的大脑告诉他，事实并非如此。

  我们是如此想要成为一个可爱的人，以至于我们有时候愿意相信我们自己，我们真的做到了朋友们希望我们做的事情，我们的动机确实是如他们所认为的那样高尚。读者不妨想象这样一个女子，当她成为老板之后，她可能会欺骗自己，认为自己的笑话变得更加有趣了。我可以很容易地相信自己讲的课真的是非常好，甚至是在考试评分之后以及学生们都离开之后，我也可能这样认为。我那位在基金会担任要职的朋友，有权决定数百万美元的拨款流向，他可能会真的相信，总有那么多的人不停地问他类似问题——"最近你的身材又变好了啊，你是不是有什么减肥秘诀？"——的原因与他有权力控制预算这个事实毫无关系。策略性奉承（例如，"你看起来气色真好！"）之所以能够取得成功，是因为我们总是宁愿相信自己获得的赞美是真诚的。只要你意识到，"为人所爱"和可爱对他人的重要性，你就有可能轻而易举地辨别出哪些是真心诚意的赞美、哪些是策略性奉承。这样一来，你就不太可能会让自己沉迷于其中。

  在我们的生活中，到处充斥着这么一些人，他们总想以各种不同的方式来影响我们。我们周围的人与我们一样，也总想"为人所爱"。有时候，他们可能会欺骗我们，让我们认为自己是什么样的人，而事实上我们并不是这样的人。这也许是出于策略性的原因，也许只是他们犯了个诚实的错误。不过不管怎样，亚当·斯密鼓励我们不要上当，要诚实地面对自己。

或许我们面临的最大挑战并不是觉察来自他人的虚伪的赞美，而是来自自己的自我欺骗。我们多么希望自己是可爱的，以至于我们说服自己相信自己是可爱的，然而事实可能恰好相反。明智的人拒绝接受自己不应得的赞美。但是，人很难做到明智。其实最难抗拒的赞美，是人们对自己的赞美。

第 4 章 如何才能做到不自欺

在我十几岁的时候,最能令我快乐的一首歌曲是《收拾忧伤》(Pack Up Your Sorrows)。这是一首民谣,由理查德·法里纳(Richard Fariña)和咪咪·法里纳(Mimi Fariña)共同演唱。现在已经很少有人记起这首歌曲了。这是一个夫妻民谣二重唱组合,丈夫理查德比妻子咪咪年长,当他们结婚时,咪咪才 18 岁,而理查德则 26 岁。在咪咪 21 岁生日时,他们决定在加州海岸卡梅尔举行一次盛大的庆祝活动。这也是一个特殊的日子,当时理查德的小说《尽管潦倒已久,但终将取决于我自己》(Been Down So Long It Looks Like Up to Me)刚刚出版,他在之前还进行了签名售书活动。就在咪咪生日聚会的这天,理查德·法里纳坐上了朋友的一辆摩托车和他一起出去兜风。车子是他朋友驾驶的,然而却失控了。后来警方说,车子在急转弯时,时速达到了大约 90 英里。司机在这次事故中得以幸存,然而法里纳则因为被高高抛起之后坠地不幸身亡。

所有人都说,理查德·法里纳是一个非常有魅力并且才华横溢的人。这样一个优秀的人,因为意外事故而英年早逝,不仅让他的妻子悲痛欲绝,而且也让他身边所有的人都心碎不已。他妻子的痛苦是我们无法想象的,而且这场悲剧恰好发生在她 21 岁生日庆祝活动这天,这更加剧了悲剧本身的色彩。任何黯然悲伤的语言都无法表达出他妻子的心情。当然,她的朋友们都守候在她的身边安慰她并帮助她。

当时,咪咪的姐姐正在欧洲巡回演出,她也是一位民谣歌手。咪咪知道，在这么短的时间内要跨越重洋往返于两大洲之间是一个非常大的难题，而且可能会影响她姐姐的演出，于是她告诉她姐姐不必回来参加葬礼，她可以晚些时候再回来安慰她。也许咪咪真的不需要她的姐姐立刻回到她身边，也许她认为她不应该让她的姐姐感到为难。

参加你妹夫的葬礼到底有多重要？或者，参加你朋友母亲的葬礼到底有多重要？由于匆忙而错过了葬礼，你可能会找到一百个理由来解释。人们的生活会时不时地被这样那样的选择所打断，你必须作出选择。在这场悲剧中，咪咪的姐姐就必须在与己方便（继续完成巡回演出并享受歌迷的欢呼）与帮助他人（回去安慰自己的妹妹）之间作出选择。

因此，很多时候，我们不得不在让自己愉悦的事情（或者对自己有利的事情）与在那个"公正的旁观者"看来是正确的事情之间作出选择。某一天，你的面前出现了一个为他人当顾问的机会，但工作性质可能不如你想象的那么具有合法性，如果你接受这份工作，那么就意味着你将要违反原则，使用一些你自己都有些疑问的检测技术。但是，也许看起来，这一检测技术所涉及的只是一个微不足道的违反规则的行为，真的没什么大不了的，你告诉自己，这是一次难得的机会。或者，你的老板让你做一些你认为不是很正确的事情，又或者，你的老板让你做的事可能会让公司冒些风险，这个风险是真实存在的，但是很难进行衡量。他迫切地要求你批准某一个收购项目，这个项目有可能在短期内带来暴利，但是从长期来看却会导致相当可怕的后果。你对此会说些什么吗？或者，你会接下这个任务吗？

为了让自己可爱，你愿意放弃些什么呢？

在回答这个问题之前，让我们先来讨论一下我们在日常生活中要面对的一些微不足道的小事但又不得不作出的决定吧。比如，某个星期天的早晨，到吃午饭还有一小会儿。如果我动作快点，可能还有时间去健身房锻炼一下。这也是我非常想要做的事情。但是我的儿子想要我帮他解决一道数学题，而我的妻子却问我是否能够去一趟杂货店，我的邻居则刚刚出院回到家，最好是去探望他一下。我无法面面俱到地在有限的时间里完成上述所有的事情，我只能选择做其中的一件。那么，到底我该做哪一件事情呢？

虽然我把上面对这些小事的选择称为"微不足道的决定"，但实际上它们真的并不是那么微不足道。日复一日，积少成多，我们该如何进行这些选择呢？我们想成为一个可爱的人。但要成为一个可爱的人是很难的，非常难。我们都知道，有时候，也许是很多时候，我们都达不到那个"公正的旁观者"所要求的标准，或者达不到为自己定下的标准。我们往往无法实现自己的理想或者无法践行自己极力维护的原则。我们不得不经历种种大大小小的失败，而斯密却声称我们每个人都渴望成为一个可爱的人。那么，他是怎样把这两者协调起来的呢？

对于自私的行为，或者说得更严重一点，残酷的行为，有一种解释是，有些人根本不会想到存在一个"公正的旁观者"，也不愿意费心去想象它，实际上他们对成为一个可爱的人并不感兴趣。一个观察人类同胞的非常有吸引力的方法是，如果某人并不想按照人们普遍所认为的方式行事，那么他很可能就是一个不道德的甚或邪恶的人。

但对此，亚当·斯密却给出了完全截然不同的观点。关于我们为什么无法达到那个"公正的旁观者"或者那些围绕在我们身边的并希望赢得他们尊敬和爱戴的人所制定的标准这个问题，斯密的答案是，因为我们很容易自欺欺人。我们心目中的那个公正无私的旁观者所给予的忠告，可能并不像我们本能地认为的那样公正。在某时某刻，当我们即将采取行动时，人们的自爱往往会压倒那个"公正的旁观者"（"我们心中的那个人"或者良心）所能起到的任何可能的作用。

……在许多时候，我们自爱的激情是非常强烈和不公正的，足以"怂恿"我们胸怀里的那个人，给出一个与真实的情况所能批准的非常不同的评价报告。

关于我们如何行事才是正确的，我们心目中那个"公正的旁观者"并不是一个完美的代言人。我们的冲动能够轻易地战胜我们的自我判断。不过，当时过境迁之后，我们就能够更加冷静地来反思我们的行为了。

> 没错，当行动过后，由于刺激行动的激情已经变得沉静，我们就能够比较冷静地体会中立的旁观者的感觉了。以前使我们很感兴趣的东西，现在对我们来说，变得几乎就像它始终对中立的旁观者来说那样无关紧要的了，于是我们就能够以他那种坦率正直的眼光来检视我们自己的行为了。

因此，至少从理论上讲，我们可以从对过去行为的反思中吸取经验教训，提高自我认识，并且在将来的行为上表现得有所不同，使我们能够做到吃一堑长一智，不会再犯同样的错误。不过，斯密又说，我们通常无法做到总是"很坦诚"地去反思自己过去的行为。诚实地评价自己的行为太难了，让我们简直难以接受。

> 认为自己不好，是如此令我们不愉快，以至于我们时常会故意背过脸去，假装对那些或许会使我们的判断变得不利于我们自己的情况视而不见。

在这里，我先重新复述一下斯密关于"为人所爱"以及"可爱"的原话。我们不仅希望自己"为人所爱"，而且我们也认为自己是可爱的。因此，在很多情况下，我们看到的并不是真实的自己，而是我们想成为的那个自己。自欺欺人比自知之明更让人感到舒服，我们喜欢自欺欺人。

直接面对自己的脆弱和失败太让人痛苦了。是的，因此我们总是避免让自己陷入被迫直面自己缺点的境地。自欺欺人让人感到更愉快。确实，在"自知之明"这个问题上，从某种程度上讲，所有人都是懦夫，正如斯密所说的：

> 有人说，他是一位很有胆量的外科医生，即使在为自己施行手术时，他的手也不会颤抖。同样地，如果一个人能够毫不犹豫地揭开自己自欺欺人的神秘面纱，让自己的行为丑态完全暴露在自己面前，无疑也是很有胆量的。

根据"面纱"的字面意思，它必定是神秘的，因为它能够将人们的脸遮挡起来。不过，依我看来，斯密在这里说的其实是，自我欺骗的面纱是神秘的，因为它遮盖了人们的真实面貌；有了它，人们就不用直面一个真实的自己了。人们可能过分敏感于自己身体上的缺陷，当自己照镜子时，即使身体上的缺陷并不是那么起眼，也能察觉到。人们的目光会被自己身体上的某些缺陷所吸引，正如舌头会不断地去舔舐酸痛的牙齿一样。但是，面对自己的道德缺陷呢？当某个人无法胜任做一个丈夫、一个父亲、一个儿子或一个朋友时，又会怎样呢？很显然，没有一面镜子可以映照出他这些缺陷。大多数时候，他宁愿自己看不到这些缺陷。

物理学家理查德·费曼（Richard Feynman）说："第一个原则是，不要欺骗你自己，你自己正是那个最容易被自己欺骗的人。"我是谁？有时候我就是那个最容易被自己欺骗的人。我是那么容易被自己欺骗，甚至能够说服自己，我已经明白我是一个多么容易被自己欺骗的人。你可能会说，其他人都很容易被自己欺骗，他们正在自欺欺人，但是我不会这样，我是不可能自己欺骗自己的，我能看到一个真实的自我。但是，我认为，这才是自欺欺人的极端形式。

斯密意识到的人根本无法清楚地认识自我，这一观点在现代行为经济学（作为心理学和经济学的交叉学科的一门新兴学科）当中找到了回应。行为经济学是对现代经济模式的严格理性提出挑战的一门学科。丹尼尔·卡尼曼（Daniel Kahneman）与埃姆斯·特沃斯基（Amos Tversky）一起通过实验研究得出结论，人经常地、轻易地对现实产生误解。因为在这方面做出的杰出贡献，前者获得了 2002 年诺贝尔经济学奖。这一年，诺贝尔经济学奖的共同得主是另一位实验经济学家弗农·史密斯（Vernon Smith），他研究的是，个体所犯的错误是如何通过与市场中其他人的相互作用而得以减少的。因此，人们会把自己的房子想象得美轮美奂，远远超过它的实际情况；人们还会把自己所拥有的技能想象得极有价值，甚至超过它本身的实际价值。这样一来，当某个人试图卖掉自己的房子或者找工作的时候，就会寄予厚望，自己的房子会升值或者薪酬会更高。我常常这样想，亚当·斯密肯定会尊重丹尼尔·卡尼曼和弗农·史密斯的研究成果，甚至会把他们视为他的学术继承人。

如今，有些人可能会认为小小的无伤大雅的自欺行为不失为一件好事。有时候，他们甚至夸张地说，自尊、自信可能是有益的。而斯密的观点是，自我欺骗、高估自己的所谓的"优点"，毫无疑问是负面的，是完全不可取的，他说：

> 人的这种自我欺骗是一个致命的弱点，它是人一生中半数以上的混乱失调的根源。如果我们以他人看待我们的那种眼光，或者以他人知道全部事实时将会用来看待我们的那种眼光来看待我们自己，那么我们大概免不了会有一番改过自新，否则我们绝对无法忍受我们所看到的自己的丑陋形象。

你并没有你自己所想象的那么可爱，我也没有我自己所想象的那么可爱，我们根本无力直面现实。我们多么渴望自己看到的自己是可爱的，比真实的自己更可爱，我们又多么希望自己能够不断地修正自己的行为。自欺会让我们在明明不可爱时把自己看得可爱，它还不时地迷惑我们，让我们感到自己是正直善良的，即便我们根本不具备这种品质。

我们更容易看到别人的道德缺陷，而不是自己的缺点，这一点丝毫也不会让人觉得奇怪。关于这种不对称性，斯密很早以前就警告过我们。纠正这种不平衡的一个方法来自巴尔·谢姆·托夫（Baal Shem Tov），他是一位伟大的犹太神秘主义者，同时也是一个名为哈西德主义（Hasdim）的宗教运动的创始人，他恰好逝世于《道德情操论》首次出版的那一年。他说，如果我们注意到了自己身边的人的道德缺陷，那么他们的道德缺陷就会提醒我们，让我们认识到自己身上的道德缺陷，并鞭策我们不断地进行自我完善。我们那些身上有道德缺陷的人是我们的一面镜子，透过他们，我们可以看到自己身上的不完美之处并且改正它们，使自己变得更加完美。所以，当你看到自己的同事为一些琐事而烦恼时，你不必惊讶于他或她怎么会对那么一点鸡毛蒜皮的小事情如此在意，相反，你应该扪心自问一下，你自己是不是有时候也会跟他们一样为了一丁点儿无关紧要的小事而大发雷霆。当你发现你儿子做事毛毛躁躁、没有耐心时，你应该反省一下自己，是不是自己也是这样的；你应该以身作则，控制好自己，以此来帮助你儿子改掉急躁的坏习惯。

斯密发现，我们身边的人能够扮演类似的角色，他们能够帮助我们完善我们的行为。在把自欺描述为一个人的致命弱点之后，他又进一步指出，幸运的是，还有某种东西能够帮助"公正的旁观者"对我们产生有益的潜在影响。

> 然而，自然女神并未听任这一影响如此重大的弱点完全无法补救，她并未完全放弃我们，她不能够容忍我们任凭自爱所衍生的种种错觉所宰制。我们对他人行为的持续观察，会慢慢地致使我们在自己内心里，就什么是合宜适当的行为、什么是该避免的行为，形成某些通用的规则。

斯密在这段话中所说的"慢慢地"（insensibly）一词的意思其实是"不知不觉地"（unconsciously）。我们从他人的行为中了解到什么是合宜的，什么是不合宜的。我们从观察周围世界的过程中学到的社会规范和通用的道德准则指导我们作出判断，即什么是令人钦佩的，什么是不值得钦佩的。这些通用规则会降低我们的自利激情，赋予我们良心，并帮助我们的良心与自爱作斗争。我们能够观察他人所选择的行为方式，并能够注意到他人是如何评判这些行为的；如果这些行为被评判为是负面的、不恰当的，那么就会激励我们尽量去避免它们；如果这些行为被评判为是积极的、恰当的，那么就会激励我们参与这种行为。

另一方面，其他一些行为会获得我们的赞许，并且我们也会听到我们周围的人都对它们表示赞许，每一个人都真心表扬与奖赏它们。它们能够唤起所有我们天生最强烈渴望得到的那些情感。它唤起人们的敬爱、感激与赞美。我们变得很想做出同样的行为，于是自然而然地为我们自己定下了另一条行为规则：应该细心寻求每一个可以做出这种行为的机会。

自然而然地，我们总是会对一些被我们天生憎恨或钦佩的行为作出深刻的反应。在阐述这个观点时，斯密举了一宗谋杀案作为例子。在这一案件中，受害人是被一个他所信任的人所杀害的。设身处地地想象一下，当我们听到这个案件的有关情况时，肯定会立刻被吓倒，根本无须去看别人的反应。我们的自然反应以及习得的经验让我们知道什么是对的。这些规范已经成为我们身体的一部分，它们帮助我们内心深处的那个"公正的旁观者"去掌控最糟糕的自爱激情。

在理查德·法里纳的葬礼上，最终还是来了一位著名的民谣歌手朱迪·科林斯（Judy Collins），而且她还演唱了一首《奇异恩典》（*Amazing Grace*）来纪念法里纳。她并不是咪咪的姐姐琼·贝兹（Joan Baez）。琼决定留在欧洲完成她的巡回演出。

咪咪·法里纳和琼·贝兹这对姐妹是不公正的旁观者，之所以这么说，是因为在这件事情上，她们两人都投注了巨大的感情。但是你和我，亲爱的读者，是公正的旁观者。你认为在她妹妹悲痛欲绝时，琼·贝兹继续留在欧洲完成她的巡回演出，对她的妹妹、妹夫及他们的朋友们来说，做得对吗？我们可能没有足够的信息，因此无法回答这个问题。但是，有关她们的另一个故事能够帮助我们更全面地揭开这种自我欺骗的神秘面纱。

当琼·贝兹决定留在欧洲时，她安慰她的妹妹说，理查德曾经提出过他有一个愿望，那就是，不希望她参加他的葬礼。她还说，她准备继续她的巡回演出，她可以通过在演唱会上演唱理查德的歌曲的方式来纪念他。她并不是为了她自己才决定继续留在欧洲的，她这样做已经很对得起可怜的理查德·法里纳了。尽管琼知道咪咪很爱理查德，但她却说，她这样做，也是对咪咪好。很显然，咪咪并不接受她的说辞，虽然我并不知道咪咪当时说了些什么。数十年后，当大卫·豪伊杜（David Hajdu）为了写他那本关于20世纪60年代的民谣历史的书《第四街》（*Positively 4th Street*）而去采访咪咪时，咪咪告诉他，琼对理查德的愿望的说法并不真实。她说，理查德宁愿琼听到他去世的噩耗时精神崩溃，无法继续她的巡回演出。我觉得咪咪是对的。

一旦你注意到这个奇怪的逻辑反转——看上去似乎只对我有好处的东西实际上对你也有好处——你就会注意到，其实事情都是这样的。在日常生活中你肯定碰到过这样的事情，例如，当你打电话给某人时，你自己倒是兴味盎然，说得津津有味，而对方其实对你所说的事情并非如你这般有兴趣，可是他并不会直接说，而是跟你说"我听着呢，你说下去就行了"。实际他真正的意思是，他必须挂电话走人了。但是他挂电话的方式让你听起来似乎他很喜欢你，对你说的事情很感兴趣。又如，某个人放弃了一个橄榄球教练的职位，因为他想花更多的时间陪伴家人。这种感情冲动通常会持续到另外一支球队请他去当橄榄球教练为止。而当这个教练又有足够的时间陪伴他家人时，他又做好了重回教练工作岗位的一切准备，尽管那意味着他每周至少要工作100个小时。

我常常想，人们之所以会用看起来非常无私的、冠冕堂皇的语言来描述自己实质上非常自私的行为，是因为想让别人认为他们是无私的。这是一种标榜自己的方式。人们希望自己为人所爱，并用一种无私的方式来表达自己的欲望。然而，实际上，却是用友好善良的表象来掩饰自己内心的自私。

对此，斯密还提出了另外一种可能性：人们之所以会这么做，不仅是因为想要他人相信，而且还想要自己相信。当人们并不可爱时，却会自欺欺人地认为自己是可爱的；当人们所做的一切都是最利己的时候，却会说服自己相信自己的动机是为了他人。琼·贝兹也许真的相信，她继续巡回演出而不去参加葬礼是理查德·法里纳的原意。人们之所以自欺欺人，是因为具有认为自己是可爱的巨大的冲动。也许伯纳德·麦道夫与沃伦·巴菲特一样也能安然入睡，也许他能够说服自己，他是在帮助他的那些"投资者"获得超额的回报率。也许资金放在这个由他管理的"慈善机构"中确实能够让他宽心，也许他觉得他真的能够成功驾驭这个漏斗式的运作方式。

根据斯密的说法，有时候人们的行为无法达到自己期望的状态，并不是因为人们是坏人，也不是因为人们重视自身的利益更胜于自己的仁慈，而是因为没有意识到，自己根本就无法实现自己的愿望。人们无法成为一个可爱的人，是因为自己本身就不可爱，或者是自己一直沉浸在认为自己是可爱的那种自欺欺人的状态中。至于这两个原因中哪个更让人沮丧，这很难说。人们不仅把自己的丑陋掩藏于自欺欺人的神秘面纱之后，而且还把自己的这种丑陋改换成一种美德。要人们去面对自己心目中的这个"公正的旁观者"是多么不容易的一件事啊！

就我个人而言，我不但没能正确地行事，无法对面对自己的不完美，而且还说服自己颠倒是非，把错的当成对的。当我儿子请我辅导他数学作业时，我正忙于写作本书，因此我告诉他我很忙。我说服自己，把书写得更好便会更成功，那么将来要实现送他去一所更好的大学就更加容易。我告诉自己，他并不是真的要我辅导他做作业，他其实更希望我早日完成书稿。于是我对自己说，无视他的请求并不是我追求自身利益的一个证据，相反，这是我无私的证据。

然而，斯密却提醒我们，当你身陷某种状态时，你很难做到客观公正，因为你本身就是自利的。当你正在做对你自己有利的事情的时候，你很容易说服自己认为你自己正在做的事情是正确的。保护自己免受这种情形侵扰的一个方法是，找一位良师益友，或者找一位除自身之外的真正意义上的"公正的旁观者"，让他来帮助你透过这层经常蒙蔽自己的自爱面纱，然后看清并认识自己。

斯密这些关于自欺的洞见可用一个现代术语来表示，即确认偏误。确认偏误是指，我们总是依据自己的偏见来过滤现实，忽略那些可能与我们所相信的东西不一致的或者会对我们的定见构成挑战的证据，并且急切地接受那些能够证明我们所相信的东西是正确的证据。我们喜欢认为我们是可爱的，因为我们总是过分地强调和牢牢记住那些能够证实我们自己自我形象良好的东西，而忘记或记错任何不光彩的东西。我们总是偏向于认为自己具有良好的品性，因为我们希望看到自己是可爱的，我们赋予自己疑罪从无的权力，甚至有时候还会把自己的缺陷当成美德。

我们把自己视为诚实的人这种自我欺骗所带来的挑战已经远远不再局限于人际关系这个范围了。我认为，斯密之所以会说自我欺骗是"人的一生中半数以上的混乱失调的根源"，原因就在于此；我还认为，他或许还可能低估了它的危害程度。我们不只是在我们自己的个人行为品质上自欺欺人——这严重限制了我们在我们的朋友和家人眼中变得真正可爱的可能性，而且我们还会在世界观、意识形态、宗教信仰上自欺欺人，甚至在解释自己的经验、阐释对世界理解（这些构成了我们自己的信念）的时候也会如此。我们注意到的和记住的所有证据都"证实"了我们的观点，而其他的一切却全都被忽略或遗忘了，或者更进一步地说，在分析时基于"作为证据的缺陷性"而被摒弃了。对于这种倾向，我的一位读者山姆·汤姆森（Sam Thomsen）说得非常好，他说：

> 宇宙中充满着无数个圆点，如果你把正确的圆点连接起来，那么你能画出任何东西。不过，重要的似乎并不是你所要选择的那些正确的点是否真的在那儿，而在于你要学会选择忽略所有的其他点。

我们确实经常这样做。我们画出了精美的图画，却忽略了那些错误的圆点，然后对我们自己所拥有的艺术才华欣喜不已。

在我从事的经济学领域，这已经成了一个大问题。凯恩斯主义者只知道，奥巴马的经济刺激计划创造了数以百万计的就业机会。毕竟，他们的数据和研究成果或许能够证实这一点。然而，一些怀疑论者却证明奥巴马的经济刺激计划对社会的贡献率微乎其微，甚至根本就没有任何贡献。双方提供的数据和研究成果都让他们自己深信不疑自己的分析是对的。为什么会出现这种情况呢？从某种程度上讲，他们只是成功地让自己相信另一方的数据是有缺陷的。有人甚至认为，另一方的研究都是由那些居心叵测的为某些特殊利益集团服务的黑客、爪牙或贩夫走卒完成的。

在我职业生涯的早期，我真的认为支撑我世界观的那些研究成果都是很好的研究成果，它们都是相关领域的研究者认真仔细地完成的，并且是完全建立在"真理"的基础之上的。但是，与此相对立的另一方的观点呢？它破绽百出、前提假设糟糕至极、分析极不完整，很容易就会被抛弃。随着我年龄的增长，我变得没有那么自信了，或许可以说，我变得更加诚实了。经济错综复杂，其各个方面都具有千丝万缕的联系。我们没有足够的数据对它进行精确的衡量，也不知道事物之间是如何联系的。我们醉意醺然地在路灯柱下寻找我们丢失的钥匙，不是因为我们在那里丢了钥匙，而是因为那里有灯光。我们应该更加谦卑、更加诚实一些。我们的实证研究是非常不完善的。我们所持有的观点通常是基于我们的意识形态和原则所造就，但因为我们发现了一些支持这些观点的证据，因而就忽略了其他一些东西。

我曾经在一次记者招待会上指出，所有利用复杂计量经济学技术进行的实证研究没有一个有说服力的观点可以驳倒对方。从理论的角度而言，在任何一个有争议的政策问题上，争论的某一方除了承认自己是错的之外别无选择。然而，现实中这种情况却永远不存在，因为我们所有人都倾向于认为自己是可爱的，总是高估支持自己观点的证据，而低估反方的证据。没有人喜欢承认自己有错。有记者对此持怀疑态度，他们认为事实果真如此吗？难道真的没有任何一个研究结果是牢不可破的吗？当时我请在座的其他经济学家想一想，能否提出一个反例来。现场一阵沉默，直到最后终于有人自愿献出自己的一篇论文作为候选例子。然而，该论文所研究的却是一个不怎么会引起大家争议的理论问题，并且结论也很模糊。不过我得感谢他，因为他实际上支持了我的观点。

当然，这是一种立场，也是我自己坚持的立场，即要我接受那些决断论式的数据和研究结果是很难的。虽然这种决断论式的研究结论通常是非常少的，而且也不太可能出现在极有争议性的经济政策领域。因为在经济政策领域有那么多不确定的因素，而人们却无法对这些因素一一作出精确的衡量。伟大的诺贝尔经济学奖得主弗里德里希·哈耶克把我们的过分自信称为"知识的僭妄"（the pretence of knowledge）。

"叙事谬误"（narrative fallacy）是另一个有助于我们更加准确理解我们现在所面临的理解这个复杂世界重大挑战的现代术语，它来自纳西姆·塔勒布（Nassim Taleb）。人们总是喜欢美好的、道德上"干干净净"的故事，因此那些适合这类故事的证据被标注了出来，而不适合这类故事的证据却被抹掉了。几乎每一天，美国报纸和网站的商业版都会刊登一些分析当天或前一天股市行情的文章。根据这些分析报告，如果市场下跌，那么其原因或者是因为一个来自劳工部（the Bureau of Labor Statistics）的令人沮丧的报告，或者是因为美联储主席说了某些吓坏投资者的话，或者是因为投资者们的"轻率行为""紧张不安"和"获利回吐。"

第二天，如果市场行情上涨，那么分析人士就会给出完全不同的解释。有的时候，这些截然不同的言论甚至出自同一位经济学分析人士之口。难道仅仅在24小时之前，投资者们就不再轻率了吗？难道美联储发出的第二份声明与前一天吓坏那些投资者的声明完全没有任何相似之处吗？难道不存在另一份来自劳工部的令人不安的数据报告吗？

引致市场下跌的那些因素，同样也是引致市场上涨的因素。可能有人会认为，这怎么可能？在那些专家看来，道理非常简单：投资者们厌倦了自己的轻率行为；美联储主席所说的话并没有人们所认为的那样令人沮丧，恰恰相反，其"真实效果"振奋了投资者的精神。当然，劳工部的最新数据是令人沮丧的，但是经济分析局的另一组数据却让投资者们信心倍增。于是，市场行情上涨就理所当然了。这是一个复杂的世界。每个人都能够解释昨日的股市为什么会大涨或大跌，但是却没有人真的能够预测它明天会怎样。这一切都只是事后诸葛亮式的叙事方式，即叙事谬误。

我丝毫不怀疑，对这些"故事"大发宏论的那些经济学家会认为他们知道他们在说些什么，而记者们则相信他们正在与这些经济学家进行讨论。这就是确认偏误的力量。斯密所强调的人们不愿意移除那层神秘的面纱进而面对真实的自我的倾向性魔力也在于此。这是一个深刻的洞见。就像斯密所说的那个外科医生，他不愿意把那个应用于别人身上的规则用于自己身上。人们希望看到自己是可爱的。现实生活中的所有人都生活在叙事谬误当中，删减了自己生活故事当中自己所不喜欢的那部分。

如果你的地下室积水，如果你向提供防水处理服务的"专家"询问解决这个问题的办法，他可能会建议你花30 000美元在你房子的周围挖一条沟渠，然后再安置一根柱子以支撑房子；而卖排水泵的家伙会建议你购买排水泵；挖排水沟的人会告诉你，你需要挖一条新的排水沟；而庭园设计师则建议你筑一个护堤以便直接把水排出屋子。这意思是说，当任何人拥有一把铁锤时，所有的东西在他眼里看起来就像是一根铁钉。

你知道，这些家伙都是通过向你兜售东西而赚钱的。但是他们并无恶意，他们不是那种利用你的无知压榨你的血汗钱的无耻之徒，他们仅仅想从你身上赚钱，这并非图谋不轨。实际上，他们认为他们正在挥动锤子帮你解决问题呢。然而，他们忽略了，其实要解决你的问题，还有更有效的或更便宜的其他解决方案。他们都是真诚的，只是他们的诚意让这些解决方案看起来更加有效，也更加难以拒绝。

然而，实际上，那个挖排水沟的家伙或者卖排水泵的家伙想从你身上赚钱，这会让你产生怀疑，即使他是真诚的。但是对于医生，人们倾向于认为他们是充满爱心的、仁慈的。虽然从根本上说，这两者并没有什么区别。所有人都认为自己是可爱的。耳、鼻、喉科医生更倾向于认为手术比鼻喷剂更适合于解决鼻塞问题，他们不太可能记得手术并不总是能够达到预期的效果，同时也可能会带来意想不到的副作用。更重要的是，手术是否真的能解决鼻塞问题具有不确定性，并且它的疗效能够持续多久也具有不确定性。

在19世纪，医生们迫切地想阻止妇女因分娩引起的产褥热所导致的死亡。他们一面走上解剖台对同类病因死亡的产妇进行尸检，另一面又匆匆忙忙地赶到产房为即将分娩的产妇进行接生。他们并没有意识到自己沾满细菌的手是会传播疾病的。在欧洲，有些医院的产科病房，产妇的死亡比例占总死亡产妇人数的六分之一。医生们都认为自己是可爱的，同时他们也一定发现，人们根本无法承受医生本人有可能就是死亡的直接推手这个结果，人们更容易相信，是存在于空气中的某种不干净的东西传播了疾病。事实上，与在医院分娩相比，产妇在家里分娩得产褥热的概率要低得多。但对于这个事实，人们必定会用其他的理由来进行解释。

尽管伊格纳茨·塞麦尔维斯医生（Ignác Semmelweis）试图说服他的同事们用消毒液洗净他们那一双双苍劲有力的手能够去除自身和病人身上

的疾病，但是多年来，他们还是相信良好的通风方式更好。甚至在塞麦尔维斯提出关于疾病的预防和治疗的理论并且指出按他的理论修改操作规程病人死亡率将大幅下降之后，他们还是认为通风的效果更好。当然，塞麦尔维斯本人的个性特点可能是他的理论很难被同行所接受的一个原因。但是，一个更重要的原因是，他的同行们认为仅仅通过简简单单地洗净双手就能够帮助数以千计的人逃离死亡陷阱，这个一点儿也不"酷"，一点儿也不"可敬"，他们不愿意相信塞麦尔维斯。医生自己就是死亡使者？这种可能性太令人痛苦了，然而他们却根本不愿意考虑。

斯密的关于自欺欺人的洞见提醒我们，人的理性是有限的。意识到理性的有限性并不意味着反理性、迷信、非理性或者反科学。纳西姆·塔勒布指出，地图对游览巴黎非常有帮助。但是如果你在游览巴黎的时候使用的是一张纽约地图，那么事情就完全两样了。无意识地使用错误的地图比根本不使用地图还要糟糕，它会让你过于自信，这比迷路的危险性更大。

科学家也是人，他们也有自身的局限性。有时候，甚至最严密的定量分析比根本不进行任何定量分析的后果更加糟糕，因为它会产生科学错觉。这就是哈耶克所说的科学主义的危害。理性是有限的这块警示牌提醒我们：人并不像自己所想象的那么聪明；人也并不是完美真理的追求者；人是有缺陷的。意识到自己存在着缺陷是智慧的开端。很多事情看起来就像是钉子，你去锤打它并不能从中获益。因此，那些手持锤子的人应该保持谨慎和谦逊。

谦逊是人后天习得的品性。一旦你开始喜欢上它，它便会让你感觉美好。你也许不知道，能够大声说出"我不知道"是多么美妙的感觉。这确实是事实，甚至它会令你惊讶。或许你在知识上的对手并不是邪恶之辈，或许他们只是透过不同的镜头来看世界而已，或许他们只是评估证据的方式与你不一样。那些看起来似乎是决定性的事实、研究成果或证据，其实都有可能被对方诘难。真的令人难以想象，你的对手所拥有的证据同样也是令人信服的。世界是极度复杂的。不要忘记这个告诫：天地之大，霍雷肖，一切比你所能梦想出来的多出更多（Maybe there are more things in heaven and earth, Horatio, than are dreamt of in your philosophy）。

运用斯密关于自欺欺人的洞见看待问题，对人们而言面临很大的自我挑战。挑战人们总是倾向于认为周围的人无视自己的缺点，过分相信自己支持的研究成果，没有意识到对方所坚守的世界观背后也可能隐藏着深刻的真理。人们总是免不了会说，除你自己之外，其他人都是很容易被欺骗的。然而，事实并非如此。还记得费曼的见解吗？你自己才是那个最容易被欺骗的人。不要自欺欺人地认为你不会自欺欺人。

塔勒布在他的三本书中都研究了有关自欺欺人的各种情形。他在2012年出版的《反脆弱》（*Antifragile*）一书中引用了一句威尼斯人的谚语："当你走进大海越来越远离海岸线时，你就会发现海水越深。"你懂得的越多，你就越会意识到自己需要了解和掌握的东西实在太多了。你根本不必假装你什么都懂，承认无知是一种福气。

斯密警告我们，人的天性中存在一种缺陷，即人们是多么渴望自己是一个可爱的人，以至于有时完全忽视了相反的证据。人们会欺骗自己，认为自己是可爱的，即使是当自己并不可爱的时候。不过，一个人仅仅试图将自己塑造成一个可爱的人，同时用心把自己想象为一个诚实的人，是远远不够的。斯密指出，人们渴望为人所爱这种倾向本身是有缺陷的。

第 5 章　如何为人所爱

我想象着，在一个阴雨绵绵之夜，我来到了爱丁堡。根本不用借助 GPS 导航，我便轻而易举地找到了潘缪尔楼（Panmure House），亚当·斯密生命中的最后十二年就是在这座楼里度过的，如今它依然矗立在那里。斯密还在世，他站在门口招呼我并帮我脱去沾满雨水的羊毛外套，欢迎我的到来。

石屋内很冷，不过通风良好。好在客厅里有炉火，这让寒冷的屋子稍显温暖。屋子里摆满了书柜，到处都是书，大概有三万余册。许多书都用皮革非常有艺术性地包装着，这在现代是很罕见的。

斯密把我的衣服挂到搁物架上，然后把搁物架移到了火炉旁边，以便把我的衣服烘干。他递给了我一杯酒。我猜这是一杯拉弗格（Laphroaig）或者拉加维林（Lagavulin），但是这两种酒分别是在 1815 年和 1816 年才酿制出来的，所以我的猜测是错的。不过，还有波摩（Bowmore），这也是一种很好的威士忌。那么，斯密会选择喝哪种酒呢？在我的印象中，斯密不太会喝酒。他的母亲就在隔壁房间里。他坚持喝茶，而我则抿了一小口威士忌，搜肠刮肚地想着应该向这位伟人请教点什么。

作为一名绅士，他感觉到了我的不安，于是便开始与我闲聊了起来。你在爱丁堡做些什么呢？他问道。我告诉他我是专程来拜访他的，我花了很多时间去思考他和他的思想。一个来自 21 世纪的经济学家对他和他的理论感兴趣，这个事实会让他感到惊讶吗？我不知道，但是我发现，这个事实确实令他高兴不已。

于是接下来我想知道，斯密是如何把他这种反应与他曾经在《道德情操论》中所讨论过的那种幸福观调和起来的。在书里，斯密是这样反问的：

> 对于一个身体健康、没有负债、问心无愧的人来说，还有什么能够增进他的幸福呢？

我猜想，斯密可能是叹着气说出这句话的，或许还可能轻轻地摇了摇头。毕竟，这是一个反问句，不难推测，他的回答肯定是"没什么了"。但是综观全书，斯密非常清晰地表明，金钱和名望并不能直接导致幸福；导致幸福的是为人所爱以及可爱，金钱和名望似乎并不适用于这个等式。

斯密在他一生中的大部分时间里都身体健康、没有债务，在做人方面，可以说是问心无愧。他拥有的已经足够多了。在他的一生中，《道德情操论》和《国富论》的出版给他带来了享之不尽的金钱和名望。那么除此之外，真的没有什么东西能够增进他的幸福了吗？

他不可能知道，他获得的将还有不朽的名声，但他生前一定想到，在他去世后他将有可能会被后人铭记。这样是不是会增进他的幸福呢？

成为一个闻名于世的人或者增加些许财富真的不会增进他的幸福吗？当斯密知道自己已经成为一个大人物，一个在世界经济和公共政策领域的杰出的人物，而不是一个普通人时，他真的没有从中得到哪怕一丁点儿快乐吗？他比他的好朋友同时也是最伟大的哲学家大卫·休谟（David Hume），以及他同时代的伏尔泰（Voltaire）更出名（伏尔泰引领人类历史进入了一个理性的时代），甚或比他们两位还更有影响力。当他知道在20世纪末，即他的《国富论》出版两百多年后，英国首相无论走哪儿都随身携带着这本书时，难道不会让他心跳加速、喜不自禁吗？当他知道因为自己可爱并已为那多么的人爱戴时，难道不会增进他的幸福吗？

还有你呢？有什么能够增进你的幸福？是更多的金钱和更高的名望吗？它们能给你带来幸福吗？你会为了获得一份高薪工作而卑躬屈膝甚至出卖你的灵魂吗？为了成功，你会在工作中进行欺骗或欺诈吗？你会为了一点点加薪而牺牲和你的家人团聚的时间吗？如果这种成功意味着将危及你的婚姻或你的孩子的健康成长，你还会着意追求吗？如果面对大幅加薪、大幅晋升、获得极高的声望和巨大的荣誉，如果有巨大的权力摆在你面前，你会把工作放在第一位而让你的家庭居于次要地位吗？金钱和职业上的成功对增进你的幸福到底有多重要？

一个全国橄榄球联盟的教练可以假装为了把更多的时间留给他的家人而放弃教练职位，然而，当有另一支球队给他打电话并告诉他真正的价值仍然只体现在他的教练生涯中的时候，他又会回到球队继续他的教练生涯。据了解，整个橄榄球联盟的教练总共仅有 32 位，因此他们会非常努力地工作，竭尽全力地寻找机会赢得更多的比赛，以此来保住他们的工作。他们每周都要工作一百个小时以上。他们要睡在办公室里，每晚看着即将面对的对手的录像带入睡，然后到第二天早上又早早地醒来，继续观看录像带。当他每周都要工作一百个小时以上的时候，他根本无法与自己的孩子们待在一起，甚至就连片刻和他们单独待在一起的时间都无法保证。他们这样做真的值得吗？据调查，这 32 个人认为是值得的。因为只要他们稍稍有点犹豫，立刻就有无数人蜂拥而上争着取代他们的职位。那些等着取代他们职位的人为了成为全美橄榄球联盟教练（那样就可以得到金钱和名望），也会毫不犹豫地放弃与自己家人待在一起的时间。他们做出这样的选择正确吗？或者，虽然他们认为事业上的成功可以让他们自己感到满意，但这会不会只是他们的一种自我欺骗呢？关于人们到底应该关心什么，亚当·斯密说对了吗？

让我们来看看那些想要成为美国总统的人吧。那些总统候选人总是把自己爱家人的一面展现给大众，以表明他们对自己家人的关心并不亚于任何其他人，甚至可能还要更多。然而，他们肯定不能花太多时间与自己的家人待在一起,而且他们也完全没有时间。参与竞选活动是一份全天候的工作,甚至需要把一天掰成两天用。这真的值得吗?但那些总统候选人认为是值得的。

在杰奎琳·肯尼迪(Jacqueline Kennedy)再婚并成为杰奎琳·肯尼迪·奥纳西斯(Jackie Kennedy Onassis)的那年,我刚刚14岁。那时,我对她的这段婚姻感到困惑不解。我问我的父亲,为什么杰奎琳·肯尼迪在嫁给年轻英俊的杰克·肯尼迪(Jack Kennedy)之后,还会与这个相貌平平的比她大23岁的亚里士多德·奥纳西斯(Aristotle Onassis)结婚呢?我的父亲回答得很简单,奥纳西斯有很多钱。但是,"爸爸,"我抗议道,"杰奎琳·肯尼迪出身于一个富裕的家庭,她之前嫁入肯尼迪家族,已经很富有了。""成为有钱人的感觉很美妙,"我父亲解释道,"而成为更富有的人让人感觉更美妙。你参观一座美丽的热带岛屿感觉很好,但拥有它感觉更好;你坐头等舱的感觉很棒,但能拥有一架自己的飞机感觉更棒;你拥有一颗很大的钻戒很好,但拥有一颗硕大的钻戒更好。亚里士多德·奥纳西斯死的时候身价有5亿美元,那已经足够买好几座岛屿、好几架飞机和一大堆钻石了。"

我不知道我爸爸对杰奎琳·肯尼迪第二次婚姻动机的猜测是否准确,但他至少说对了一些东西。与自己目前所拥有的相比,人们一般都喜欢拥有更多的财富和更高的收入。人们也理所当然地认为,金钱是幸福的源泉,更多的金钱意味着更多的幸福。有时候我们内心深处的那个自己会驱使我们想要更多的财物,但有时候内心深处又会有另外一种声音告诫我们,获得更多的财富要付出更大的代价。

我有一个朋友,他的工作任务十分艰巨,他也非常不喜欢这份工作,但是他却忍受着,因为这份工作可以给他带来很多的收入,并且这份收入远远超过他去另一家公司工作或从事别的职业的收入。他患有高血压。随着一年年过去,他的孩子们也渐渐长大了。

有一次,他向我抱怨自己的生活压力太大并征询我的意见,我告诉他辞掉工作，少赚点钱，多花点时间与自己的妻子和孩子们待在一起，让自己活得更快乐一些。然而他说他不能辞掉这份工作，他目前正在谈一笔大生意，他要先把合同签下来，把奖金收入囊中，到明年再辞去这份工作，然后让自己歇息。但是，到了第二年，他又有一些新的业务要完成，他又想拿到更多的奖金。明年复明年，明年何其多。他使我想起了竖在一家酒吧门前的一块永久性的牌子——明天啤酒全场免费。

他的工资每年都在增长。每隔几年他就会搬进一所更大的房子里住，为自己买一辆新的汽车。那么他幸福吗？显然并不幸福。尽管他获得了更高的薪水，拥有更大的房子，开着更好的汽车，但是他并不满足。再干一年，然后，就够了，他说。但是，年复一年，他会一直干下去。

我们所有人都有点像我的这位朋友。有时候，金钱会驱使我们去做一些我们打心眼里不想做的事情。一些学者写了许多书，提醒我们不要参与过于激烈的竞争，不要像那只在迷宫里追逐奶酪的老鼠一样永远奔跑、不眠不休。但是，有时候，我们内心深处的那只老鼠会掌控我们的一切，它会驱使我们在迷宫里奔跑，日复一日地去追逐一块更大的奶酪。

斯密说，人们不仅天生渴望为人所爱，而且还渴望自己是可爱的。但是，至少在表面上，对于名和利的追求似乎才是人们真正渴望的。那么，斯密是如何把上述论断和这种现象协调起来的呢？驱使人们的难道不是对名与利的追求吗？

斯密有他自己的见解和答案。如果我们想要理解斯密的解答，就必须先搞清楚对于人们的野心和追逐名利的行为，他的非常负面的看法。让我们先从他对财富的态度开始谈起吧！

在《道德情操论》中，斯密讲了源自普鲁塔克《比较列传》（Plutarch's Lives，也译为《希腊罗马名人传》或《希腊罗马英豪列传》）中的一个故事，这个故事或许能够解释我的朋友为什么会一直不愿辞去工作。这是一个有关古希腊伊庇鲁斯国王皮洛士的故事。某次，皮洛士正计划对罗马发动一次攻击，但他最信任的谋士辛尼阿斯（Cineas）——斯密称他为国王的"宠臣"——却认为这是一个糟糕的主意。辛尼阿斯是一个能够给人留下深刻印象的家伙，他善于舞文弄墨且巧舌如簧，国王皮洛士常常让他代表自己出使国外。现在，对辛尼阿斯而言，虽然国王对他很信任，几乎言听计从，但如果他直截了当地告诉国王"你犯了一个错误"，肯定不是一个好主意。因此，辛尼阿斯采取了一种迂回的方式。以下引自普鲁塔克《比较列传》中辛尼阿斯向皮洛士"进谏"时的开场白：

陛下，我听说罗马人非常骁勇善战，曾经征服过许多穷兵黩武的国家，如果我们在神明的庇佑下顺利地征服了他们，那么陛下，接下来请问我们应如何妥善运用这次战争的胜利果实呢？

嗯，皮洛士说，一旦我们战胜了罗马，我们就能够使整个意大利臣服。然后呢？辛尼阿斯又问道。接下来我们将征服西西里岛。然后呢？辛尼阿斯又问道。接下来我们再征服利比亚和迦太基。然后呢？辛尼阿斯再问道。然后，我们征服整个希腊。之后我们又该怎么办呢？辛尼阿斯接着问道。皮洛士微笑着回答道：

亲爱的朋友啊，这样一来我们就可以很轻松地过好日子了，我们整天喝喝酒，聊一些令人愉快的事情。

这时，辛尼阿斯开始进入了他的正题，他对国王说：

"那么请问陛下，现在有什么东西妨碍陛下您享受这种生活了吗？"

我们所拥有的一切已经足以让我们满足了。你要享受生活的基本乐趣，根本不必去征服整个意大利。让我们保持人性，压制住自己贪婪的欲念吧！生活不是一场比赛，它是一次充满欢乐与享受的旅行。野心，即永无休止的贪婪的欲念，会把你整个吞噬。

普鲁塔克的《比较列传》写于大约两千年前。普鲁塔克书中所写的故事大概发生于距他所生活的时代三百年前。在那个时代，金钱并不能给人带来幸福已经是老生常谈了，生活中最根本的东西亘古未变。下面是有关这一主题的一个现代演绎版本（你可以在网上找到各种不同的版本），我相信斯密（和普鲁塔克）都会喜欢它。

有一位美国商人坐在墨西哥海边一个小渔村的码头上，看着一个墨西哥渔夫划着一艘小船靠岸。因为小船的船板上放了好几尾大黄鳍鲔鱼，于是这位美国商人先向墨西哥渔夫恭维了一番："你真厉害，能捕到这么高档的鱼。"然后，他问道："要花多少时间才能捕获这些鱼？"渔夫说："只要花一会儿工夫就可以了。"接着这个美国人又问："那么你一天里剩下那么多时间都在干什么呢？"墨西哥渔夫说："我每天睡觉睡到自然醒，之后出海抓几条鱼，然后回家跟我的孩子们玩、跟我的妻子聊天。到黄昏时，我晃到村子里喝点小酒，跟朋友们一起弹弹吉他。就这样，我的日子过得既充实又忙碌。"

听了墨西哥人的话，这个美国人却很不以为然，他说："我拥有工商管理学硕士学位，我倒是可以帮你点忙。你应该每天多花一些时间去捕鱼，到时候你就有钱去买条大一点的船。有了更大的船后，你自然就可以捕获更多的鱼了，然后再买更多的渔船。接下来，你就可以拥有一整支船队了。到时候你就不必把鱼卖给鱼贩子，而是直接卖给加工厂。然后你还可以自己开一家罐头工厂。如此一来，你甚至可以控制生产、加工处理和分销整个流程了。然后你就可以离开这个小渔村，搬到墨西哥城去，或者搬到洛杉矶去，在那里经营你不断扩大的企业。"

墨西哥渔夫问："这得花多少时间呢？"

美国人回答道："15年或者20年。"

墨西哥渔夫又问道："然后呢？"

美国人大笑着说："然后你就可以在家里当皇帝啦！时机一到，你就可以宣布股票上市，你会变得非常富有，你将可以几百万、几千万地大把赚钱了！"

"几百万?！几千万?！"墨西哥渔夫问，"然后呢？"

美国人说："到那时候你就可以退休啦！你可以搬到海边的小渔村去住，每天睡到自然醒，出海随便抓几条鱼，跟你的孩子们一起玩耍，跟你的妻子共度美好时光。黄昏时，你可以晃到村子里喝点小酒，跟你的朋友们一起弹弹吉他……"

两百多年前，斯密这位伟大的哲学家和经济学家重述了普鲁塔克在两千三百年前所讲述的这个故事，到了现代，这个故事又有了一个演绎版本，它加入了一个拥有工商管理学硕士学位的商人，还谈到了公开发行股票可以增进人们的幸福。这些新加入的元素可能会使这个故事显得更加意义非凡，不过我不知道它到底有多引人注目。总之，它不断地被人们拿来说教。然而，不管这个故事以什么形式被重新演绎，或许普罗大众都不会因此而吸取多少教训，总有一些冲动在不断地驱使着人们向前冲。也许是说教者们错了，也许住进更大的房子里、开着更豪华的汽车以及拥有一部更高档的智能手机，真的会增进人们的幸福。

但是，对于物质财富，亚当·斯密的观点非常鲜明和肯定，物质财富并不会增进人们的幸福。不过同时，他知道一些小物件和小玩意儿确实有诱人的魅力。虽然斯密生活的年代比苹果公司创始人史蒂夫·乔布斯（Steve Jobs）生活的年代早了两百多年，但是他完全能够理解，如果你没有及时拥有那些新奇的小玩意儿，那么你就会有一种怪怪的感觉：由于你没有买到一台配备了视网膜显示屏（Retina display）或暗绿色磁性保护套和摄像机的新款 iPad，你就会觉得自己落伍了。我的 iPad——第一款——甚至没有配置能够拍摄照片的摄像头，我认为我应该立即升级自己的 iPad。难道你不觉得应该这样吗？

每个礼拜日，我通常阅读的报纸上都会刊登有关更大尺寸电视机的广告，它们比我目前所使用的电视机大多了。每当我去好市多（Costco）超市的时候，在我来到那些美轮美奂的商品比如大包装的橄榄油、芥末和番茄酱的货架之前，都需要事先经过摆放着那些巨大电视机的超市入口处。这对我来说是一个严峻的挑战。我的电视机大概是五年前买的，当我把它与那些刊登在广告上的或者我在好市多超市里看到的电视机相比时，我明显地感觉我家的这台 20 英寸的电视机看起来是太过于老旧了。我经常禁不住地想：我是不是该买一台新的大屏幕电视机了？

这就是现代人的生活方式。最先进、最酷、最时尚的电子设备或许在几周、几个月之内就过时或被淘汰了。人类的创造力推动着一切以惊人的速度向前挺进，那些就在几个月前还让你惊叹的电子设备，如今看起来就像是古董。

我需要一台新的更清晰、更流畅、更轻薄的电视机。但是如果我真的拥有了这样一台电视机，难道我的生活会有什么变化吗？或许吧！跟我的第一部手机相比，我的 iPhone 手机确实给我带来了更大的满足，它让我欣喜无比。不过这并不让人惊讶，真正让人惊讶的是我对拥有这部新手机的渴望程度，虽然我知道这部新手机的大部分功能和特征并不比我原先的那部手机好多少。但是不管怎样，我就是想拥有一部新手机。而且，一旦我拥有了这部新手机之后，我就越发理所当然地认为我本来就应该拥有它。之前，如果我在汽车或者火车上正打着电话的时候，电话因为信号不好突然中断，就会使我恼火不已。如果我的新手机能让我在任何状态下都保持电话通畅，那么这足以让我惊喜不已。事实上，这可以说是新手机的一个小小的"奇迹"。

那么，在 1759 年，斯密所说的随处可见的小物件和小玩意儿到底是些什么东西呢？照斯密的描述，它们包括"牙签、挖耳器、修剪指甲的机器，以及类似的其他一些小东西"。在18世纪，它们能够被装进镊子盒里或男子所用的钱包里，能随身携带。我无法想象当时人们使用"挖耳器"时的情景，不管它做工如何精美。"修剪指甲的机器"又是什么样的呢？指甲钳必定比小刀更为有用，这算得上是一个不小的改进。

斯密当然不可能想象到21世纪的机器，比如，在流水线上工作的机器人或者电动剃须刀。但是他对技术发展的洞见却有着惊人的先见之明。他理解人类想让生活变得更轻松、更美好、更快捷的渴望。他明白机器所拥有的无与伦比的魅力，他也知道挖耳器和指甲钳并不能够一直激起人们的兴奋之情和新颖感。但是，不管怎么说，人们就是需要这类小玩意儿，因此也千方百计想尽各种办法让它们变得更有用、更美观。

你可能会说，18世纪的指甲钳根本无法与你现在的iPod nano或能够装进你口袋里的16兆像素的数码相机相比。但是，不管是当今社会还是18世纪的社会，这类设备带给你的心理上的满足感是类似的。如今我们生活在一个科技的时代，这个时代的来临比我们所想象的还要更早一些。

关于技术和工具，斯密的一个洞见是，我们更常关心它们的精美度，而不是它们的实用性。为了说明这一点，他举了一个每天慢两分钟的手表的例子，这种手表在18世纪很可能是一个普遍的现象。斯密说，对于这种手表，主人应该丢弃它，然后买一只更精确的表来代替它。但是，斯密又抱怨道，拥有了一只计时更精准的手表之后，人们可能并不会比先前拥有一只计时不准的手表时更守时。他买那只计时更准的手表，只是因为它是一个更好的小工具，而不是因为它能够使他的生活变得更美好。

但是，对这种机器这么爱挑剔的人，在赴约时却不见得总是会比其他人更加守时（即做到分毫不差地赴约），或基于其他缘故而更加急切地想要精确地知道现在是一天中的什么时点（几点几分）。他所感兴趣的，与其说在于获知有关时点的知识，还不如说在于这个用来获知时点的机器本身的完美程度。

紧接着,斯密真正火力十足地炮轰了这些小工具的爱好者。

> 有多少人把金钱挥霍在这些没有什么实际用途的小玩意儿上以致倾家荡产?这些小玩意儿的爱好者所感兴趣的,与其说在于其效用,不如说在于产生效用的器具本身的设计的巧妙。他们的每一个口袋里都塞满了各式各样的小玩意儿。他们挖空心思地设计出别人衣服上没见过的新口袋,以便携带更多的小玩意儿。

"他们的每一个口袋里都塞满了各式各样的小玩意儿",这同样是对"现代商业战士"(modern business warrior)的完美描述,他们的口袋里也时常装着一部 iPhone 手机以备接打电话,而用另一部黑莓手机以便收发邮件。此外,他们的口袋里还装着钱包、耳塞或蓝牙耳机、笔(以备不时之需)、钥匙、拇指驱动器,或许还有一个小小的摄像头。他们还渴望自己拥有一只巨大的口袋,足以容得下他们的 Kindle 或迷你型 iPad。女人们则希望自己拥有一只至少能够装得下她们所收集的全部"小小便利品"的手提袋。大多数人都离不开口袋。我不知道是否所有人都会购买这些东西,但是市面上确实售出过一款背心,它有一些特制的口袋,可以分别用来装 iPad、手机和其他小物品。

斯密如果活到今天,炮口肯定也会对准这些小玩意儿所拥有的与其实际用途没有什么关系的美学上的诉求点。当我举起我的 iPhone 来观望星空时,我发现这部手机里至少存有三个绘制了详尽星系图的应用程序。虽然我很少使用这些应用程序,或许一年只会使用两三次,并且实际上我并不需要这三个应用程序,但是它们给人带来的美感打动了我。它们会让我注视夜空中的一些东西,它们看起来非常耀眼,根本不像是一些星星,但它们确实是某些个星球。那么到底是哪些星球呢?我不知道。于是我点开我手机上的其中一个天文学应用程序，然后把手机举向天空。哦，原来其中的一颗是木星！但是我为什么要关心这个呢？我也不知道。我只知道我观看木星这件事对我来说显然毫无实际用处。但是，"知道什么"这件事本身有些许微妙，它会给人以"升华"的感觉，即我还是能够获得一些与手机的实际用途无关的快乐。我的手机让我明白，我借助它看见的是一颗木星，而不是金星。

我的手机中还保存了另一个应用程序，它能够让我去研究一下某家 DNA 测序公司的 CEO 的真实 DNA 序列，虽然这对我来说也毫无用处。我只是觉得特别稀奇，它居然能够做到这一点，而且这种基因测序的结果竟然就在我的掌心里。我有好几个类似的应用程度，每一个我都会试着用上五分钟，我因它们的优雅美观而倍感愉悦。但是也仅止于五分钟，之后我就从来都不会再次打开它们。我之所以购买它们，是因为它们的美丽，同时觉得那些搞清楚它们工作原理的软件设计师挺酷的。

或许，斯密在这个问题上太极端了一点。是的，这些最新的、最时尚的小玩意儿是相当诱人的，它们或许也具有负面作用。但是，我的一些电子设备，我最爱的一些小玩意儿，它们确实非常不错。因此，在过去的八年里，我已经拥有了四架不同的照相机。每次动起购买照相机的念头时，我都希望这次买下的会更好，用起来也更得心应手。令人赞叹的不仅仅是它们的体积更小了或者设计更精美了，而是小型化意味着我可以经常把它们带在身边，设计上的改进意味着我拍出来的照片质量会更好。更加重要的是，有了它们，我拍摄了成千上万张照片，并且把它们分享出去。

关于我所拥有的这些小玩意儿，我要面对的一个真正的问题是，不能让它们占据我太多的时间，因为仅仅为它们的电池充电（这意味着还要找到充电器、电源线）就会耗时不少。同时，对我更具有挑战意义的在于，它使我把太多时间花在了电子虚拟世界中，而不是在现实世界中。我们总会有一种冲动，强迫自己去查看有没有新的电子邮件，或者去尝试用某种更生动的方式与自己身边的人联系。周围像我这样的人比比皆是。当你去参加一个聚会时，你会发现客人们都在埋头看自己的智能手机。在周日的早餐或午餐时间，那些体育迷们每过 30 秒钟就会查看一下自己的手机，看看他们所喜爱的足球队的战况。有些人购买 iPad 的初始目的是为了阅读，然而结果却是每天花好几个小时去玩游戏。因此，在亚当·斯密那个只能拥有掏耳器和镊子盒的时代，无论如何他也想不出这些现代小玩意儿的好处，虽然这些小玩意儿让人们付出了不菲的代价。

但是，在两个世纪前斯密就已经明白了一些小玩意儿是人们地位和财富的象征。现代人想拥有最新、最时尚、最炫酷的手机、汽车和玩具，除了它们的实用功能之外，还有另外一个原因，那就是向周围的人表明自己是谁的一个信号，或者至少有时候可以向周围的人表明人们认为他是谁，也就是说，这些小玩意儿是"宣示"他在时尚界和商界获得成功的辅助性标志。但斯密对人们迫切想拥有最新物件和小玩意儿以及认为拥有它们便能增进他们的幸福的错误观念提出了批评。

> 人生中不幸与失调的主要根源，似乎在于过度高估各种永久的处境之间的差别。

篱笆另一边的草地看起来往往显得更绿。我们会设想，如果我们更富有或者更有名气，再或者拥有一份更好的工作，那么我们便会更快乐。斯密认为，贪婪、野心和虚荣是让我们不满于现状的罪魁祸首。只要再多做一笔生意就行了；只要在这个恼人的工作岗位上再待一年就够了；为了击败某个同事使自己获得晋升，只要再忍受一下就可以了。斯密把这些恶习统统称为"过度热望"。他警告说，这种"过度热望"具有强大的力量。

> 没错，有一些处境也许比其他处境更值得我们偏爱，但是绝对没有什么处境值得我们以这么一种激情去追求，以至于使我们违背了审慎的、正义的法则；或者说，使我们葬送了我们未来的

心灵宁静，使我们在回想起自己的愚蠢时而感到羞愧，使我们由于厌恶自己的不公不义而感到极为后悔。

这段话的前半部分是斯密看待金钱、财务上的成功、野心和自我的态度的关键所在。

没错，有一些处境也许比其他处境更值得我们偏爱，但是绝对没有什么处境值得我们以这么一种激情去追求，以至于使我们违背了审慎的、正义的法则。

在斯密看来，我们应该客观公正地看待金钱和名誉。他承认，大多数人总是希望有更多的钱，而不是更少的钱。得到公众的认可是令人愉快的。但是，千万不要沉迷于消费的欲望，或者热衷于得到公众的认可，否则最终就会违背审慎的和正义的法则。

在斯密看来，正义就是不损害或不伤害他人的美德。至于审慎，斯密认为就是利用远见（看长远一点，仔细评估自己行为的结果）和自我控制（为了将来获得更多的回报而愿意放弃眼前的一些东西的能力）来处理好自己的事情。

对我们本身最有用的那些心性，首先当推优越的理智和理解力，我们根据这种能力，可以辨别我们一切行为的未来影响，并且预见这些影响可能导致的各种利弊得失；其次是自我克制力，这种能力使我们得以戒绝目前享受的欢乐或忍受的痛苦，以便在未来某个时候享受更大的欢乐或避免更大的痛苦。这两种心性结合起来，就是所谓的审慎的美德。在一切美德当中，对我们个人最有用的，就是这种美德。

按斯密的观点来看，现代人称之为成功的那些东西本身并没有错。他所强调的是，追求成功的过度热望会腐蚀人的灵魂。毫无疑问，一刻不停地追求金钱和名利会毁掉你的生活。但是，如果这些小玩意儿以及伴随着金钱而来的物质上的成功那么有害，那么我们为什么还会如此热切地追求它们呢？如果它们真的不怎么可能会让我们获得更多的幸福，或者根本就不可能让我们获得更多的幸福，那么为什么我们还要去追求它们呢？我们为什么要追求那么多不健康的目标呢？斯密对这些问题又是怎么解释的？

最简单的一个答案是，我们认为变得富有以及获得名望真的能够给自己带来幸福，是错误的或者很愚昧。斯密还从中看到了更多有害的东西，它们都源于人们渴望为人所爱和变得可爱的倾向。请记住，斯密使用的是"为人所爱"这种表达方式，它的含义不仅仅是指浪漫的爱情，还有被他人所关注、被喜欢、被尊重以及被尊敬的意思。人们希望自己是重要的，希望获得别人的关注、尊重和尊敬。

斯密还指出，世界更关注富人、名人和有权势的人，而不一定会关注有智慧和有美德的人。

> ……但是，一旦踏入这个世界，我们很快就会发现，智慧与美德绝不是人们唯一尊敬的对象，而恶行与愚蠢也一样不是人们唯一轻蔑的对象。我们时常看到，世人尊敬的目光更加热切地投向有钱和有势的人，而不是投向有智慧和有美德的人。

我们有时会觉得名人是一个现代产物，它是通过《人物》（*People*）杂志的记载以及通过有线电视或 YouTube 网站的传播而产生的。并且，一说到名人，现代人好像有一种特殊的天赋，特别擅长使自己短期出名。不过虽然短期出名的人越来越多，但要获得持久的名声，比如说那些电影明星、歌星以及体育明星，则需要有一定的曝光度。事实是，日光之下并无新事，正如《传道书》（*Ecclesiastes*）的作者在很久之前就说过的，普罗大众对富翁和名人的痴迷是一个非常古老的现象。

利·蒙特维尔（Leigh Montville）的著作《特德·威廉姆斯传》（*biography of Ted Williams*）的大部分内容都是对20世纪40年代和50年代的名人生活的记录。事实证明，那个时代与今天大同小异。尽管没有那么多的有线电视（ESPN）频道，尽管没有什么谈话类节目，但那个时代的运动员仍然与其他人有非常的不同，从某种程度上说，他们有点令人难以捉摸。

蒙特维尔在书中讲述了那个年代所发生的一个故事。威廉姆斯的一位朋友吉米·卡罗尔（Jimmy Carroll）曾经借了威廉姆斯的汽车去约会，这是一辆很有特色的凯迪拉克威乐（Cadillac Coupe de Ville）。当卡罗尔和他的女友把车驶进一家餐馆的停车场时，恰好被一名警察碰到了。开着威廉姆斯的汽车出门，使卡罗尔遇到了一些"麻烦"，为什么呢？原来，波士顿的所有警察都认识这辆汽车和它的主人。卡罗尔费了很大劲儿才让这名警察相信他真的不是一个小偷，但是这名警察有一个要求，即在卡罗尔和他的女友在餐厅共进晚餐的时候，他希望能到这辆车里坐坐。当然可以，卡罗尔同意。然而，当卡罗尔结束晚餐回到车上时，发现有六名警察坐在这辆车里。原来，第一个警察叫来了他的另外五个警察好朋友，大家共同分享这令人激动的时刻。

那么，使他们激动的到底是什么呢？名人们是如何把一个普普通通的没有生命的物体变成人们渴望得到的炫目的东西的呢？这实际上与你只是因为手表精确而令你喜爱是同一回事，尽管你可能并不关心自己能不能做到守时。但是，这些警察为什么会喜欢坐在那辆汽车里呢？难道仅仅是因为之前有某个名人坐过而之后这个名人又要坐这辆车子的缘故吗？或者是因为你正在做某件很少有人能够做到的事情吗？再或者是因为它与某个对你而言至关重要的人有某种联系吗？或者是因为这件事可以衡量你与那个你非常热爱、非常崇拜、非常仰慕的人的关系的亲疏远近吗？毫无疑问，让这几位警察激动万分的部分原因是，他们可以去告诉别人他们曾经坐过特德·威廉姆斯那辆凯迪拉克威乐的车里。但是,为什么会有人关心这个呢?

人们从内心深处敬畏那些受人崇敬的人、热爱那些受人爱戴的人,这部分原因是人们对卓越的敬畏。当人们在互联网上看到他们的壮举后,真的会感到震惊,因为他们确实做出了惊人之举。人们无法想象他们是如何做到的,即使他们所做的事情可能不比让魔方复原更有实用价值。事实上,人们会去观看并欣赏那些根本没有实际用途的专业技能。说到底,手持一根木棍以令人料想不到的一百英里的时速击打棒球这种能力,实际上根本就没有什么实用价值,相比而言,一位杰出的心脏外科医生似乎更令人钦佩。但是,没有人会想方设法坐进一位杰出的心脏外科医生的车里,除非这位心脏外科医生在全世界享有盛名。或许这可能还不够,因为任何一位世界驰名的心脏外科医生的名气,都远远比不上勒布朗·詹姆斯(LeBron James)。让人们趋之若鹜的名声有点让人觉得匪夷所思,但或许斯密给出的关于人们希望被人所爱的洞见构成了部分答案:无论如何,接近那些为人所爱的人总是令人愉快的。

在1940年,名人能让人痴迷;而在那个没有电视、广播和YouTube的1759年,名人同样也令人着迷。斯密提出的关于他那个时代的名人的洞见与他关于金钱和小玩意儿的洞见一样经得起时间的考验。那么,斯密那个时代的名人到底是一些什么样的人呢?他们是贵族或宫廷食客,或者是一些继承了遗产同时又是昭昭恶名的人,或者是一些巴结贵族的人。在这些人中,有些是与斯密同时代的人,还有一些则是历史名人。然而斯密并不认为这些名人中的大部分是通过巴结权贵而成名的。在他看来,他们生活在一个缺乏真正可爱的世界当中。

> 在君主的宫廷里,在大人物的会客厅里,成功与晋升所仰赖的,不是机灵与内行的同辈中人的尊敬,而是无知、愚蠢与高傲自大的上级长官怪诞荒谬的垂青宠幸;阿谀奉承与虚假欺瞒,经

常胜过功劳与真才实学。

在斯密看来，对金钱、名誉和权力的追求部分地源于同一种诱惑，即想方设法为他人所爱、为他人所关注以及受他人重视。他提醒道，人们追求财富的动机值得关注。

> 一个富人之所以沾沾自喜于他的财富，是因为他觉得他的财富自然会使他成为世人注视的焦点，而且他也觉得世人对他优渥处境的羡慕以及给他带来的愉快的情绪，都倾向于附和与同情。

对富人来说，真正重要的其实是自我，而不是金钱，名誉和权势。

> 一想到这一点，他便觉得通体舒畅，整个人轻飘飘地陶醉起来。他因为这个缘故而爱上财富的程度，更甚于财富可能让他获得的其他任何好处。

当写到名人时，斯密把名人称为"伟大而显赫的人"。斯密解释了人为什么想要出名，以及他人为什么会关注名人的原因。

> 相反，一个伟大而显赫的名人则受到世人的关注。每一个人都伸长脖子盯着他看，他们心中都渴望至少借由同情的作用，分享因他的处境自然会带给他的那种洋洋得意的喜悦。他的一举一动都是众所瞩目的对象。

是啊，我们"渴望至少借由同情的作用，分享因他的处境自然会带给他的那种洋洋得意的喜悦"。在这里，斯密说的是，我们通过这些名人来感受他们的生活。我们借助于想象，把自己放在他们的位置上，尽情地感受着他们的感受，即享受他们得意扬扬的喜悦之情，以及其他我们所能想象出来的各种伴随着他们近乎完美的生活而来的情感。

富人和名人被人们所追捧的其中一个现象是，人们非常关注他们的言论，即使他们的言论毫无知识性可言，也没有什么深度，但是仍然受到人们的关注。

> 他的任何一句话、任何一个手势，即便是不经意的，也从来不会被完全忽略。在大型集会场合，他是所有人注目的焦点；人们满怀激情、充满期待地守候在他身旁，随时等着承接他将施予的撼动与引导；只要他的举止不是全然地荒谬悖理，他便时时刻刻都有机会使全世界的人都觉得他很有趣，并且使他自己成为周围每一个人注视与同感共鸣的对象。

"只要他的举止不是全然地荒谬悖理"这句话的意思是，人们将会容忍名人许许多多不当的行为和荒谬的言论。人们会紧紧盯住最近蹿红的摇滚明星或电影明星。

根据斯密的说法，在富人、名人和有权势的人看来，这一切关注似乎都是为了补偿他们时刻被关注无处遁形给他们带来的不便。斯密是这样论述这些名人所受到的极端关注的：

> 正是这种情况，使伟大而显赫成为世人所羡慕的目标，尽管它使人受到约束，尽管它使人丧失自由；这种情况，在人类看来，可以使追求伟大而显赫的过程中必须忍受的一切辛劳、一切焦虑以及一切屈辱，全都得到充分补偿；而且，更为重要的是，这种情况也可以使因追求伟大而显赫所永远失去的一切悠闲自在

和志趣的安逸，全都得到充分补偿。

斯密在这里说的这段话的意思是，如果你要想成为富人、名人和有权有势的人，那么你必须永远地放弃悠闲自在和安逸。你不得不辛勤劳作，你会充满焦虑，你得忍受"屈辱"——痛苦和耻辱——如果你想扮演好这个角色的话。你必须努力工作，你必须放弃安定的生活。作为回报，你会得到众人的关注。人们想知道你的想法，留意你的穿着打扮和言谈举止。一旦你踏入房门，所有的目光都会聚集到你身上。别人的羡慕和妒忌使名人付出的一切巨大的代价都变得值得了，至少在许多人看来是值得的。

当我与我的学生讨论斯密的这段话时，为了让他们更好地理解《道德情操论》的思想精髓，我曾经请他们想象一下，如果有两个电影明星，不妨假设他们是安吉丽娜·朱莉（Angelina Jolie）和布拉德·皮特（Brad Pitt），慢悠悠地晃进我们的教室，那将会发生什么。他们在上课伊始悄悄地走进我们的教室，然后选了个边上的位子坐下来。他们认真听课，兴致盎然，当听到精彩处还认真做笔记。这时课堂上会出现什么情况呢？全班同学还会关注我吗？哪怕只是一点点？所有的目光都会聚集到皮特和朱莉身上。我自己可能也会盯着他们看。授课现场出现了如此出名的人物，大家都很难表现得像平常一样。甚至有一些名人在其他名人出现时，也会表现得像个孩子。

斯密说，我们觉得富人和名人是如此高不可攀，以至于我们想象他们的生活近乎完美。我们甚至把他们理想化到了这样的程度，即当我们发现他们离世时，会让我们悲痛不已。为什么会这样呢？这就像是一曲完美的交响乐，在最后的关键时刻毁在了一个不和谐的音符上。

我们会想，要是有什么把这么一个愉快的情境给搞糟了，那将有多么可惜啊！我们甚至还会祝愿他们长命百岁，我们似乎很难接受死亡终究会结束他们那么完美快乐生活的情况。我们会想，自然女神实在很残忍，居然迫使他们离开他们那个常人高不可及的位置，进入她为所有她的孩子们准备好的那种虽然卑微不过却很亲切、宽敞的家。

斯密在这里所说的意思是，人们不仅仅只是羡慕富人和名人，而且还认为他们理应比其他人有更好的结局。无论如何，他们应该逃离死神。不过，当死亡真的不幸来临时，它就像是一个结局悲惨的神话故事，总也无法演绎出人们所想要的结果。我不知道斯密的解释是否正确，但是可以肯定的是，人们对于名人的死亡总是哀痛不已，比如，戴安娜王妃、猫王、惠特尼·休斯顿等名人的死亡给世人所造成的悲痛，完全无法估量。正如斯密所指出的，对于名人和富人的死亡，人们所流露出来的悲痛之情远远超过对普通人的死亡。

> 每一个降临到他们身上的不幸，每一次对他们的伤害，在旁观者的心中所引起的怜悯与愤怒，比同样的不幸与伤害发生在他人身上时要多上十倍。

斯密指出，人们对政治权力有着一种特别的浪漫。在他那个时代，王公大臣都是政治上的大人物。而在我们这个时代，有许多受到大家敬仰的却是独裁者。不过，即使是一些民选领导人也拥有足够的权力让他们受到极力吹捧。在斯密和我看来，这种吹捧有些过头了，与他们的实际功勋不相符。在世人看来，暗杀一位国王或者总统要比谋杀一个普通老百姓更加恶劣。

> 阴谋夺取其君主性命的叛徒，会被认为比其他任何一种故意杀人犯更为可恶。内战中所有无辜的鲜血所引致的愤怒，还不如

查理一世的死所引致的那样强烈。

通过观察人们对伟人、名人和有权有势的人的死亡以及对普通人的死亡所做出的不同反应，斯密继续说，相较于普通人，人们觉得伟人的痛苦和死亡必定是极不相同的：

> 一个平素对人性陌生的人，当他看到有人对于地位比他们低的那些人的不幸感觉是那么的冷漠，而对于地位比他们高的那些人的不幸与苦楚则是这么的遗憾和愤慨，很可能会认为，相对于处境比较卑贱的那些人来说，地位比较高贵的那些人的痛苦必定更加让人受不了，而且他们死前的那种痉挛抽搐也必定更加可怕。

因为对于他们的幸福和重要性，人们往往会持有一种一厢情愿的浪漫想象，在斯密看来，人们会屈从于政治权力，以及容忍他们对权力的滥用。甚至暴君都会受到人们的崇拜，因为人们倾向于过分同情伟大。反对暴君违背人的天性，这并不是因为它的危险性，斯密说，而是因为人们理想化了他的伟大和幸福。

> 甚至当社会秩序似乎需要我们挺身起来反抗他们的时候，我们也几乎无法说服我们自己这么做。

想想查韦斯、卡斯特罗和斯大林，今天的许多人甚至把这些独裁者传奇化了。人们会对这些独裁者产生钦佩之情，这种现象是很难解释的。虽然逻辑告诉人们，这些"国王"应该被推翻，但是人们的内心却很难做到。

有人说，国王是人民的公仆，因此根据公共利益的要求，可以被服从、被抵抗、被惩罚甚至被罢黜。但是，那是理性与哲学的教义，不是自然女神的教义。

人们敬畏权贵，同时企求他们的恩惠，即使自己的勤勉服务所得到的回报只不过是他们温和的一瞥。

自然女神教导我们，要为他们本身的缘故去服从他们，要在他们崇高的地位面前紧张发抖与哈腰低头；要把他们的微笑当作足以补偿我们一切效劳的报酬；要把他们的不悦，即使不会有其他什么不幸随着那不悦临到我们头上，当作所有我们可能遭受的屈辱中最严重的那一种来害怕。

斯密接着说，人们几乎不可能像对待普通人一样对待国王，除非他们是挚交好友。

要在任何方面把他们当作普通人来对待，要在平常的场合对他们讲道理并和他们辩论，需要我们鼓起非常大的勇气，以至于很少有人刚毅恢宏到能够把持这样的勇气，除非那少数人另外有亲密熟人的身份好倚靠。

我见过一些非常富有的人，也与几位参议员有过零距离的接触，还见过几个摇滚明星，还曾与穆罕默德·阿里（Muhammad Ali）和查尔斯王子（Prince Charles）握过手。这些人看起来似乎真的与众不同。人们对他们的崇拜使他们熠熠生辉，他们身上散发出来的耀眼光芒完全不同于你我身上偶尔一现的闪光。当詹姆斯·卡梅隆（James Cameron）因其影片《泰坦尼克号》（Titanic）赢得奥斯卡最佳导演奖的时候，他欣喜若狂，振臂高呼"我是世界之王"。那一刻，他这样说，并不是无意中引用电影剧本中的一句话那么简单，而是他卸下了面具，让我们看到了他真实的一面。他是在告诉观众，他是值得受人尊敬的，值得拥有这种近乎至高无上的瞩目地位。他似乎在说，你们看着我，向我致敬，我站在了世界巅峰。

这是一种可怕的毒药——名人毒药。一旦你成名了，一旦你所享受的不仅仅是众人的尊敬，而是崇拜，那么你就再也无法享受平平常常的生活乐趣。

> 对于那些仅仅习惯于占有民众赞美与钦佩的人来说，所有其他乐事都会使他们觉得恶心倒胃。有些被抛弃的政治家，为了自己的身心安顿，力图克制一己雄心，藐视他们再也不可能获得的那些荣誉。但是，他们当中又仅有几人能够做到呢？

想想那些过气的摇滚明星吧，他们仍然不断地进行巡回演出，仍然在努力寻求大众的追捧，即使崇拜他们的人在逐年缩减。还有一些老体育明星，即使最好的年华已逝，但是他们仍然在参加比赛。当玛丽莲·梦露（Marilyn Monroe）从韩国劳军演出回来后告诉她的丈夫："乔，你肯定从来没有听到过那种欢呼声！"当然，梦露的语言表达不够准确，她的意思其实是如此之多的欢呼声。但是，她的丈夫，乔·迪马乔（Joe DiMaggio）——那个时代最伟大的棒球运动员之一——却平静地回答道："不，我听到过！"为了听到那些狂热的欢呼声而日复一日地不断走上征场，会给人们带来什么？对许多人来说，这必定是一剂毒药，为了获得每一次令人震颤的感觉，必须不断地增加剂量。那么，人们所获得的成功和名声到底是福还是祸呢？

我有一位朋友，他的儿子是一名好莱坞演员。在这名演员的一些同行看来，他已经获得了巨大的成功，他演过好多部非常知名的好莱坞电影。但是，他在这些电影中所扮演的只不过都是些小角色，仅有几句台词而已。但是，相对于那些想在电影中露个面而不得的人来说，他更容易被剧组选中，虽然你可能从来没有听说过他。他还拍过一些电视剧，但也算不上电视明星。我敢肯定，他必定因自己没有获得更大的成功而失望，他肯定更渴望成为真正的明星。我经常在想，他的父母是否与他一样感到失望呢。难道他们希望他过着布拉德·皮特那样的生活吗？你想让你自己或者你的儿子过这样的生活吗？电影明星真的过着幸福的生活吗？他们可以像普通人一样生活吗？他们能拥有平平常常的婚姻生活吗？不过，无论如何，想要得到这份工作的人太多太多了，这与我们前面讨论过的橄榄球教练的情况完全一样。

你可能会认为，如果你过上了布拉德·皮特的生活，你一定会激动万分。但是，更加幸福的生活是什么？你可能会说，有一个美丽的妻子，同时拥有巨大的财富和不朽的名声。然而，在公众眼中如此成功的人并不一定都过得特别幸福。看看猫王、惠特尼·休斯顿、迈克尔·杰克逊、玛丽莲·梦露这些歌星和影星吧！兴奋感总有一天会消失的，而且再也没有什么东西能够弥补他们所失去的其他东西。过去的成就带来的满足感无法给他们带来永恒的慰藉。

你可能会认为，如果一个人已经成了世界排名第一的高尔夫球手（或者，虽然目前的排名是世界第二，但很快就会重返世界第一的宝座），同时拥有一位瑞典籍的美丽妻子，而且最重要的是，自身积累的财富已经达到了6亿美金，那么应该算是过上了满意而幸福的生活。然而，事实上，幸福生活并非如此单简，现实生活中就有这么一个人，他就是泰格·伍兹。事实证明，这种生活显然无法让他满足。伍兹的结局我们大家都知道：他被他的妻子挥着高尔夫球杆追打。人总是无法满足于现状，这与一个人自身拥有的东西多少无关。

在斯密看来，野心（想要成为富人或名人，抑或两者都兼具的欲望）是一剂毒药，人本应该远离它；一旦你被它盯上，便再也没有摆脱的一天了。

你真的下定了决心,一定要生活得自由自在、无忧无虑与独立自主,绝不拿自己的自由去交换在宫廷里做一个奴隶的权利吗(尽管那种生活看起来似乎威风八面)?似乎有一个办法可以让你保持这种纯洁的决心,而且也许只有这一个办法,那就是,绝对不要进入很少有人能够净身退出来的地方,绝对不要进入充满野心家的权力圈子,绝对不要拿自己去和那些已经垄断了你眼前大多数人注意力的大人物相比。

不过,斯密自己却拥有巨大的名声和财富,他要怎样才能把他所说的这些东西与这个事实调和起来呢?他是不是站着说话不腰疼呢?如果我坐在斯密在爱丁堡家中的温暖的壁炉前,手里握着酒杯,而杯中盛着他的上好的苏格兰威士忌,与他探讨这个话题(甚至挖苦他),那么我想他会用他对金钱的看法来作答:我们不应该厌恶钱,但是不能以此作为我们终生追求的目标。保持谦逊,我的朋友,他会说。如果可以的话,做你爱做的事,尊重你所尊重的一切,如果养家糊口没有问题的话,那么就请知足。除此之外,一切都只是调味品,都不重要。

当我写下上述文字的时候,沙特王子正在起诉《福布斯》杂志,原因是该杂志在世界富豪排行榜中把他排在了第 26 位。他觉得《福布斯》杂志低估了他的财富,他想要获得更高位的排名。难道沙特阿拉伯王子阿尔瓦利德·本·塔拉勒(alwaleed bin talal)没有更有意义的事情可做吗?即使真的没有,那么他至少也应该践行"多做少说"的格言。

在这个世界上,总会有人比你更加富有、更有能耐和更加出名。《犹太法典》中有一个词条是"富人是谁",释答是"富人就是知足常乐者"。如果你了解自己内心深处渴望的是斯密所说的受人关注的程度,那么或许你会更容易知足常乐。

斯密向我们展现了另外一种能够让我们抵御诱惑、常感满足的更好的方法,这也是另一种让我们为人所爱的途径,即不是通过追求财富、声名和权力,而是通过追求智慧和善良来获得他人的关注。通常而言,有两种方法可以让我们为人所爱,满足我们大家都想获得别人关注和想成为一个大人物的欲望:一种是成为一个富人、名人和有权有势的人;另一种是成为一个有智慧和有道德的人。对此,斯密说:

> 有两个不同的模式或两幅不同的画像悬在我们眼前,供我们据以形塑我们自己的品格与行为:其中一幅在着色上比较庸俗华丽和光彩耀眼,另一幅则是在轮廓线条上比较准确,也比较细腻唯美;前者迫使每一双游移的眼睛都不得不注意到它,后者则几乎不会吸引什么人的注意,除非是最用心和最细心的观察者。

铺满财富、名望和权力的道路是光彩夺目的,它看上去熠熠生辉,这条道路让人们趋之若鹜。然而,另一条道路,它没有铺满鲜花,也没有那么多彩绚烂,但却安静而美好。行走在第一条道路上的人会被万众瞩目;而如果你行走在另外一条道路上,那么你仍然会为人所爱和受人尊敬。当然,你只将会是被那些"最用心和最细心的观察者"所关注。欢呼声并不会太响亮,关注你的人也没有那么多。

在斯密的个人生活中,总是力求自己做到值得他人的尊敬和钦佩。他是一位益友、一个好儿子和一名好老师。他拥有智慧,与美德同行,他为人所爱;他不仅仅受到那些最用心和最细心的观察者所爱,而且还被世人所瞩目,受到了千古敬仰。但是我宁愿相信,他的不朽名声并非是由于他的计谋规划所得,也并不是他一生所追求的目标,名声和财富对他来说,只不过生活的调味品;是财富和名声追着他而来的,他从来没有去刻意去追求这些,他一直走在一条人迹罕至的安静的道路上。

斯密走的这条道路到底是怎样的?我们可以从他的传记作者约翰·雷(John Rae)笔下的一个小故事一窥全豹。这个故事发生在1787年的一个晚上,当时斯密正在伦敦温布尔登格林的亨利·邓达斯的家里参加一场晚宴。前来参加晚宴的人当中有许多是当时的社会名流，其中包括首相威廉·皮特（William Pitt）。约翰·雷将威廉·皮特描述为斯密的"最忠实的信徒"，那些年他正"手持《国富论》改革国家财政"。斯密原并不是一些身居要职的政客的粉丝，也不是国王的粉丝，但是他确实有一些被他尊重进而被他尊称为政治家的人。据斯密讲，威廉·皮特比斯密自己还要更加理解他自己所做的工作。在那个晚宴上，还有两位未来的首相威廉·格伦维尔（William Grenville）和亨利·阿丁顿（Henry Addington），以及另一位获得斯密支持的积极的废奴主义者威廉·威尔伯福斯（William Wilberforce）。当斯密随最后一批宾客到达晚宴现场时，在座的全体宾客都起立向他致敬，并且一直坚持站着不坐下来。斯密催促他们坐下，但是据说皮特是这样回答的："不，除非您坐上首位，否则我们将一直站着，我们都是您的学生。"这种尊崇完全是由于斯密确实可敬可爱（源于其智慧和美德，而不是源于其名声、权力和财富），这必定让斯密倍感欣慰。

斯密不仅以他的著书立说，而且还以自己的生活经历告诉人们应该如何生活。他的忠告是：你应该追求智慧和美德，应该谨言慎行，就像有一位"公正的旁观者"时刻在注视你一样；好好利用自己心目中的"公正的旁观者"，走出自己，把自己当作别人一样去认真审视，避免被金钱和名利所诱惑，因为金钱和名利是永远无法令人满意的。

当然，对于如何成为一个有道德的人，答案并没有那么显而易见，我们将它留待将来进行讨论。在这里，我想以彼得·巴菲特的故事来结束这一章。如上所述，他为了成为一名音乐家，最终以9万美元的价格卖掉了他所拥有的伯克希尔·哈撒韦公司的股票，放弃了可能拥有1亿美元的机会。

几年前，彼得·巴菲特在他的回忆录《做你自己》（Life Is What You Make It）中回忆了自己决定卖掉他所拥有的伯克希尔·哈撒韦公司的股票以追寻自己梦想的经历。他说，他并不后悔。但是成为一名成功的音乐家的生活真的值得他放弃1亿美元吗？难道1亿美元不会让他更加快乐吗？

如果我们再继续追问的话，如果他得到那 1 亿美金，那么他会因此而拥有其他什么呢？是几辆豪车吗？是的，他可能会拥有好几辆零售价大约为 400 万美元一辆的兰博基尼敞篷跑车，或者他也可能会勉强接受单价大约为 30 万美元的可爱的法拉利蜘蛛人跑车，再或者他可能同时拥有这两款汽车。他可能会在世界上的某个地方拥有一座对你我来说只能在梦中想一想的豪宅。他也可能像奥纳西斯（Onassis）那样，拥有一两座私人岛屿，而不必再屈尊去参观游览地中海的某个小岛，以及不必在某个不错的酒店里与他人一起分享小岛的美景。如果他得到了这些物质上的享乐，却牺牲了自己梦寐以求做音乐成功人士的梦想，真的值得吗？我认为，彼得·巴菲特做得没有错，他的选择很值得。他虽然放弃了 1 亿美金，但却得到了一些（也许很难想象的）更加珍贵的东西，一种美好的生活，一个幸福的人生。我想，亚当·斯密会同意我的看法的。

第 6 章 如何才能变得可爱

斯密开出的关于幸福的处方是一个非常简单的公式：如果你想要知足常乐，那么你需要为人所爱和可爱；如果你需要被人尊重而且值得被人尊重，那么你需要被赞美而且值得被赞美；如果你需要他人认为你是重要的，那么你需要在他人的心目中留下一个真实的你的印象，即你必须真诚地赢得他人的尊重和钦佩。

让自己变得可爱有两条途径：一条是你可以成为一个名人和富人；另一条是你可以成为一个有智慧和有美德的人。斯密建议你选择第二条途径，即成为一个睿智有德之人，让自己变得可爱。因此，如果你想要获得幸福，那么你就努力让自己变得可爱吧！但是，什么是可爱呢？什么是美德呢？对于前者，斯密也给出了两个答案，即成为一个受人尊敬和钦佩的人，以及变成一个值得赞美的人。第一个答案是最低标准。对此，斯密把它称为合宜性（Propriety）。

Propriety（**合宜性**）是一个古体字，现在已经被"proper"和"appropriate"所替代了。"合宜的行为"这种说法听起来似乎有些古板，就好像旨在培养妇德的女子精修学校所规定的那套东西。但是，斯密的关于"合宜的行为"的意思，简单地说，就是指行为的恰当性。所谓恰当性，意指我们的行为与自身周围的人的预期一致，即我们所表现出来的行为是他们所期望的，同时也使得他们能够与我们以我们期望的方式互动。

说到此，这让我想起我二十岁刚出头的那段经历，当时我整个夏天都待在智利的圣地亚哥做经济学研究。在逗留期的最后一小段时间里，我要帮我的一位朋友照看他的房子，时间是为期一周。第一天，我下班回到朋友的家后便坐在沙发上跷起了二郎腿，开始阅读报纸并享受这宽敞空间的美好，他这套房子明显比我的小小公寓高了一个档次。然而，当我走进厨房看见一个女人时，完全惊呆了。后来我才知，她是一个管家，我的朋友忘告诉我了。

女管家微笑着问了我一些问题。我的西班牙语讲得并不好，而她则不会说英语。很显然，她想搞清楚我晚饭打算吃些什么。让一个陌生人为我做饭，这让我很不安，因此我没有直接告诉她晚饭该做什么，只是对她说做什么都可以。听了我的话，现在轮到她不安甚至迷惑不解了。其实我应该明确告诉她晚饭该做什么，然而我却把这件事放到了一个她不习惯也没有预料到的情境当中。我的行为是不恰当的。

无论如何，我们都得定下来今天晚饭到底做什么。之后，她进了厨房，而我却又坐回了沙发。这名女管家我并不认识，她也不是为我工作的，但是却要做晚饭给我吃，而我则轻轻松松地待在客厅里，这看上去多少有点别扭。我又一次失礼了，接着做出了一个不恰当的举动，即我进入厨房陪她说话。这表面上看起来似乎是我对她的体贴，然而我的行为再一次让她感到意外。当我打开厨房门时，我看到她对我进入这个原本属于她的工作场所的行为感到十分吃惊，她的脸唰地一下红了。有问题吗？她问。没有任何问题，我请她放心。紧接着又是一阵尴尬的沉默。我意识到，我违反了社交习俗。但是，既然我已经走进了厨房，那么总得与她说几句话吧，不然就更加不合情理了，于是我尽自己所能做到最好。

然而，我们的交谈并不顺利。我猜想音乐也许是一个合适的话题。那么她会喜欢什么样的音乐呢？她喜欢胡里奥·伊格莱西亚斯（Julio Iglesias）和法兰·仙纳杜拉（Frank Sinatra）的歌曲。但是，那个时候，她们两个人的歌曲我都不喜欢，好在我没有走神，还能聊上几句（不过后来我成了仙纳杜拉的超级粉丝）。我绞尽脑汁地想找些别的话题来聊，比如体育。足球可以吗？你是一个足球迷吗？她回答说是的。你最喜欢的球队是哪一支？可乐可乐队（Cola Cola），她说。她问我最喜欢哪支球队，我回答说智利大学队（Universidad de Chile）。那些与我在同一个研究机构工作的我的朋友们（他们都是刚刚崭露头角的经济学家），都是智利大学队的球迷，我也不例外。后来我发现，可乐可乐队是圣地亚哥穷人所支持的球队，而智利大学队则是大学毕业生喜欢的球队。

我迫切地想要拉近我与她之间的距离，然而却在不经意间提醒她，我们之间存在着巨大的社会差异。由于我的无知和无意识，我又一次违反了社交习俗。问题并不在于我希望与这位女士互动的目的，而在于我不知道用哪种恰当的方式来进行交流。我的意图是冠冕堂皇的，但是我的行为却是"可耻"的。结果，我让她感到很不舒服，而且比那更糟糕的是，我的出现完全不在她的预料和计划之内，我的所作所为增加了她的工作难度。合宜性的要旨是使生活变得更轻松而不是更尴尬，而我的行为离合宜性要求显然还有一段距离。

饶具讽刺意味的是，在21世纪，人们对某些不合宜的行为反而表示尊重。打开YouTube，听听史蒂夫·乔布斯朗读他的"不同凡响"的广告——"向疯狂的人致敬"——的文本吧。这则广告是向那些打破规则的人致敬。或者想想乔布斯本人吧，无论是他的个人生活，还是他的职业生涯，许多方面都特立独行、与众不同。我们生活在一个颇具讽刺意味的时代，在这个时代，违反常规的行为，不受约束的行为，特立独行的行为，通常被认为比恰当的行为更受人推崇。想想穆罕默德·阿里（Muhammad Ali）、麦当娜（Madonna）和鲍勃·迪伦（Bob Dylan）吧，他们三人都无视习俗，行为夸张怪诞，不拘小节，然而却赚得了巨额财富。但是，千万不要忘记，他们以及那些与他们类似的人都只是特例。只要有一个人喜欢霍华德·斯特恩（Howard Stern），就会有更多的人喜欢奥普拉·温弗瑞（Oprah Winfrey）；有一个人喜欢阿伦·艾弗森（Allen Iverson），就有更多的人喜欢迈克尔·乔丹（Michael Jordan）。

在日常生活中，我们中的大多数人都支持合宜的行为。通常，为人父母者，对于自己不赞成的行为，就常常告诫自己的孩子这些行为是不恰当的。为人父母者之所以要这样教育自己的孩子，是因为他们知道符合自己周围的人的期望是多么重要。他们教导自己的孩子要说"请"和"谢谢你"，以及教导自己的孩子在家里与在外面的言谈举止是有所区别的，同时教导他们要优雅地吃饭，咀嚼食物时应该闭着嘴巴，这些规则永不会过时。

对于成年人世界中的一些规则及其正确性，我们无须费力地去多加思考。当你的朋友度假回来时，你会问她旅途是否愉快。当你看到他脸上出现焦虑神情时，你会问他是否发生了什么事。但是，当你在地铁上看到一个陌生人显得忧心忡忡的样子时，你可能什么都不会问。当然，当你发现有个陌生人看起来非常失落并且茫然无措时，你会尽力去帮助他。入乡随俗，你在圣地亚哥，你就得了解你的管家的期望并尽量符合她的期望。

在我们生活的圈子里，总有一些人跟我们特别亲密。我们对待这些跟我们特别亲密的人的方式与对待那些跟我们比较疏远的人的方式是不一样的。在那些跟我们具有亲密关系的人当中，有时候我们之间会有某种互惠的预期，而有时候则根本没有。在某个没有特别意义的星期二的早上，我为我的妻子送上了一束鲜花，这一举动比我在我妻子生日那天时送她鲜花更令她感动。

以恰当的方式迎合我们周围的人的预期，就能够让我们身边的人与我们产生有效的互动。更重要的是，这种互动是优雅的、有格调的并令人愉悦的。合宜性即是指在演奏人类社交的交响乐中，每个人都扮演好自己的角色，你既可以独奏，也可以即兴创作。但是，所有这些行为如果是以一种符合人们预期的方式做出的，那么这种新颖的创作便是恰如其分的。

当然，我们这个时代已经变得不如斯密那个时代中规中矩了。在2014年，如果某个服务员介绍自己时告诉你他的姓，你并不会有什么不适感；这时的人甚至可以穿着牛仔裤去参加国家领导人的竞选活动；女人也可以主动向男人提出约会，还可以热烈地追求他。而在 1759 年，所有这些行为都是不恰当的。在今天，当某个人耳朵上塞着一个古怪的东西，边走边念念有词并没有什么不妥，这只不过意味着他正在打电话。而在 1759 年，那却是社交能力障碍的表现，或许还会被人们误认为是智障。尽管两个时代存在着如此大的差异，但是在各种社交场合，肯定有一些行为是恰当的、有一些行为是不恰当的，这一点永远不会改变。

斯密关于合宜性的讨论很少关注时尚和礼仪，他更多地关注人们的情感，以及人们对他人情感的反应，即人们对自己身边人的情感和经历所做出的不同反应。毕竟他的这一著作是关于人的道德情操的，他专注的是一个人赞同或不赞同他人的行为具体取决于他人的反应是否与他自己的反应一致。因此，如果你因某一个笑话而哈哈大笑，而我也觉得它很搞笑，那么我便同你一起大笑；如果你因某一个悲惨的故事而放声大哭，如果这个故事也刚好让我伤心欲绝，那么我便赞同你的行为；如果你痴迷于某一首流行歌曲，而我也沉迷其中无法自拔，那就太好了。但是，在另一些情况下，我的反应与你的反应可能会不一致：

> 如果我的憎恨超过我的朋友的义愤能够附和的程度；如果我的悲伤超过他最仁慈敏锐的同情心能够一道体会的程度；如果我的喜爱与赞美程度或者过高或者过低，并没有达到他所喜爱或赞美的程度；如果当他只是含而微笑时，而我却开怀大笑，或者相反，当他开怀大笑时，我却仅仅微笑……

斯密说，当出现上述情况时，即我的反应与他人的反应是如此不同步时，我们就无法相互认可。合宜性是指我们的反应与我们身边的人的反应相一致。

这个要求看起来似乎颇为苛刻。难道我们真的是这样子来评判别人的吗？如果我的猫死去时我低声啜泣，而你的猫死去时你却一副无所谓的样子，那么你便不赞成我的反应吗？如果我赞美乔治·琼斯（George Jones）的经典之作《今天，他不再爱她》是有史以来最伟大的歌曲之一，因为它几乎总是让我泪流满面，但你却觉得它落入俗套，完全没有出人意料之处。难道对于这种情况我们不应该只是耸耸肩，说这只不过是因为个人品位不同，无须争论吗？你喜欢的是活宝三人组（Three Stooges），我却喜欢马克斯兄弟（Marx Brothers）；你喜欢查理·卓别林（Charlie Chaplin），而我则更喜欢巴斯特·基顿（Buster Keaton）；你喜欢《阿呆和阿瓜》（*Dumb & Dumber*），而我喜欢《偷天情缘》（*Groundhog Day*）。这有什么大不了的？人活着不是该与万物和平共处吗？自己活着也得让别人活着呀！难道我们真的要按自己的喜好来评判别人，凡是与自己不一致的反应都予以否定吗？

　　社会压力要求我们宽容别人的行为和选择，这似乎是对斯密的观点的反驳。宽容是现代社会"最伟大的宗教信仰"，似乎所有人都对这种"宗教信仰"俯首称臣，斯密一定会非常惊讶于这一点。然而，事实上，尽管每一个人都承受着宽待别人的压力，但是内心的情感却往往与斯密的观点合拍。他的洞见有助于解释以下奇怪现象：人们总是试图说服他人与自己喜欢同一部电影或同一首歌曲。某位朋友对某一事件表现得过度悲伤或不够悲伤都会让我们感到尴尬或不安；当新闻播出了一起政治丑闻，而我们的朋友却从全然不同的角度来看待这件事时，我们就会觉得不舒服，有时甚至会感到愤怒。

　　人与人之间的情感上的差距越大，就越会不喜欢彼此间的反应，就越会认为别人的行为是错的。人们更喜欢彼此之间在情感上产生共鸣，而不喜欢事事都不合拍。"合拍"（我的反应与你的一致，反之亦然）这种想法一直贯穿于斯密关于情感和社会交往的讨论之中。

　　斯密说，当涉及人，而不仅仅涉及对一首诗、一支歌曲或者一件艺术作品的态度时，人与人之间情感上的距离就更加重要了。对我来说，你喜欢我的朋友比喜欢我所喜爱的诗更重要；我希望你喜欢我的朋友，讨厌我的敌人。不过，如果你不像我那么喜欢我的朋友，或者甚至根本不把他们当朋友对待，我倒是可以接受的。斯密说，人们更关心的是你讨厌我的敌人这一点。

不过，斯密说，人们最关心的并不是在艺术品的品位上、在划定朋友和敌人的标准上是否意见一致，而是当人们面对悲惨事件或者成功的喜悦这类情况时，人与人之间在情感上是否会产生共鸣。当某个人正在努力与生活的不幸抗争时，他希望他的朋友能够走进他的内心，与他同情共感。斯密认为，如果能够如此，那不幸的一方将会得到心灵的慰藉，尤其当他们双方反应一致在情感上有共鸣时，奇迹就会发生，生活不幸的一方会认为他的朋友带走了他的些许悲伤。

然而，现实中，一方你只能想象另一方的悲伤，却根本无法真正体会到。一方根本无法走进另一方的情感世界中。你不是他，你只能想象他到底经历了什么以及将要经历什么。你有你自己的处境，你有你自己的问题，你有你自己的恐惧，甚至你还夹杂有你自己的快乐。所以，每一个人都只能尽自己所能做到最好。

我们来做一个与音乐有关的比喻吧。如果我唱歌的声音比你更加嘹亮，那么我们的合唱听起来就会不那么协调：我的声音盖过了你，而你的歌唱也无法衬托出我的声音更加嘹亮。因为我知道你无法感受到我所感受到的那种痛苦，于是我站在你的立场上减轻了自己的悲伤。我还降低了自己的音量，而不是期望你唱的与我所唱的一样高亢。而你，反过来，努力想唱得更大声一些。为此，我调整了我的情感反应，调到我认为你可能达到的同情共感的程度。这就解释了，为什么我在家人面前比在朋友面前更容易放声大哭，同时在朋友面前比在陌生人面前能够哭得更加自在的原因。

情感互动是一个二重唱，在这个二重唱中，我们不断地微调我们的音量以便能够与我们的合唱者合拍。当我承受痛苦时，你设身处地地想象我的痛苦、感受我的悲伤。我能够明白你努力地想与我一样感到悲伤。但是，斯密指出，我们无法像合唱团的演唱者那样，将彼此之间的情感共鸣控制到一个完美的程度上。作为普通人，如果我遭遇了一场不幸，情感共鸣受限于，我的痛苦你能感受到多少以及我又能够把我的反应控制在何种程度。当然，越接近于我们双方的反应强度，我就会感到越舒服。这就鼓励了我去降低我的反应强度，而你呢，则去强化你的情感共鸣程度。

> 看到他们心中的情绪在每一个层面都和他自己的情绪合拍共鸣，那是他自己在强烈不愉快的感情煎熬中唯一的慰藉。但是，他知道，除非把他自己的感情抑制到旁观者能够附和的程度，否则他就不可能获得那个慰藉。

为了说清楚人们彼此间的情感如何实现互相共鸣，斯密用了一个音乐方面的比喻，那就是，降低音调以实现音乐和谐。他请读者允许他使用这个比喻。

> 如果允许我将感情比作乐曲，那就是他必须把乐曲自然高昂的音调降低半音，以便使它变得和周围那些旁观者的情感脉动协调一致。

因此，生活不幸者努力抑制自己的感情，旁观者则通过同情共感努力去感受对方的痛苦与无助。不过，两者的经历却是完全不同的。

> 旁观者的感觉总是会在某些层面不同于生活不幸者的感觉，因为双方的同情感绝不可能和后者原有的悲伤完全一模一样，实际他们意识到，同情感赖以产生的那个处境转换只不过是一种想象，而这种意识不仅会降低同情感的音阶，而且多少还会改变它的音质，从而赋予它一个相当不同的曲调。

其实，对于安慰生活不幸者来说，旁观者与他的情感完全协调一致并非是必要的。对此，斯密再次使用了音乐的比喻。

> 然而，这两种感情相互间显然还是会有相当的一致性，足以维持社群和谐，虽然它们绝不会是同音齐唱，但它们可以是谐音合唱。果能如此，那也就够了。

就音乐而言，当两个音符完全一样时，就会和谐一致；如果不一样的两个音符听上去仍然完美无缺，那么这两个音符会被认为是和谐的。和谐是我们最希望看到的，结果就是合拍。在此过程中，生活不幸者得到了安慰，而旁观者则让生活不幸者减轻了自己的痛苦。

斯密对于悲伤的"音乐类比"分析，解释了为什么在陌生人、朋友甚至熟人面前，人们会抑制自己的悲痛。如果你跟我并不熟悉，或者你根本不认识我，那么你感知我痛苦的能力就会远远低于我的家人和朋友，因此，我抑制了自己的悲伤，降低了自己悲伤的程度，我知道你与我同情共感的程度是有限的。

在斯密看来，朋友的陪伴能够驱散一个不幸的人的悲伤。

> 所以，一个人的心很少会如此之乱，以致连朋友相伴也不能使它稍微恢复平静和沉着。一般而言，在遇到朋友的那一刻，一个人的心多少就会变得沉着镇定下来。

为什么会出现这种情况呢？斯密的解释是：

> 我会立即想起他将会以什么样的眼光来看待我的处境，于是我自己也会开始以同样的眼光看待自己的处境，因为同情共感的作用是立即产生的。

朋友给予我安慰之所以能奏效，这部分源自我透过朋友的眼睛来看待自己的痛苦的过程。因为朋友感受到的痛苦比我自己体会到的更少些，这样我的痛苦就因他而减轻了。我看到我的朋友在注视我，我通过朋友的眼睛看到了我自己，我自己的痛苦也就减轻了。能够与我产生情感共鸣并且有助于减轻我痛苦的首先是朋友，其次是熟人，最后是陌生人。当我们越远离自己身边的朋友和亲人，就越会意识到自己身边的普通熟人对我们的处境的同情是相当有限的。

我们身边的普通熟人对我们的同情少于朋友对我们的同情，因为我们不会对前者吐露我们会向后者倾诉的所有细节。所以，在普通熟人面前，我们会装出比较平静的样子，并且努力不让我们的心思游离而尽量符合普通熟人想象的我们应该保持的状态。陌生人对我们的同情会更少，所以在他们的面前，我们会装出心更加平静的样子，并且总是努力把我们的感情克制在陌生人有望我们附和的那个程度。

这样一来，实际上斯密提出了一个非同寻常的结论，即对一个人的痛苦的感知程度，由于陌生人低于熟人，熟人又低于亲人和朋友，这就意味着，有时候陌生人可能比朋友、熟人和家人更能有效地平复一个人的心情。

而这种平静的心情，并不见得是假装出来的，因为，如果我真是自己的主人，真能做到自我克制，那么只要有一个普通的熟人在场，我的心情便可真的平静下来，而且普通的熟人在场将会比亲密的朋友在场更为有效，甚至陌生人在场可能又比普通熟人在场更为有效。

换句话说，在经过一番情感的波折之后，当一个人在陌生人面前恢复平静的时候，这种平静并不是他装出来的，而是他真的感觉好多了。由于陌生人无法对他的处境深表同情，无法与他同情共感，所以陌生人相对比较平静的状态会对他产生非常有益的影响。

只要你曾经与你的家人吵过架，你就能理解这种影响在现代生活中的作用。随着争吵的升级，你和你的家人的冲突越来越激烈，你感到自己真的很生气，而你的家人此时可能比你还要激动。这时，你的手机响了，你看了看来电显示，这是一位同事的来电，你曾经答应要帮他做一件事，而现在时间已经很紧了。当你跟他打招呼时，你的声音是正常的，由于刚才争吵而引致的愤怒消失了。这怎么可能呢？但它确实是事实，它是无意识的，这个相对家人和朋友而言的一般熟人的电话带走了你的怒气。一个真实的现象是，当你接电话时，你的平静不是装的，而是真的。

我的高祖母，大约出生于1870年，她曾经告诉过我的父亲，如果她感到情绪低落或者沮丧，就会到户外去走走，把她的烦恼说给石头听。亚伯拉罕·林肯（Abraham Lincoln）曾经写过一些信，愤怒地指责他的将军，然而他并没有把这些信发出去，而是把它们都放进了抽屉里。有时候，找到一种适合自己情绪释放的渠道是很管用的。我也曾经接受过一个很好的建议，即在你发怒之前请先控制自己的愤怒情绪一天，时间会让你的心绪平静下来，也会阻止你说些过头的话或做出令你终生后悔的愚蠢的、糟糕的甚至毁灭性的事情。

斯密关于情绪的论断为理解上述观点提供了另一条路径。对着石头讲话或者给一个永远也看不到这封信的人写信，是理解斯密关于陌生人的洞见的一种方法。比一块石头或者收藏未寄出的信的文件柜更没有同情共感之心的东西是什么呢？在当今时代，也许你可以发送一封电子邮件到你自己的"草稿箱"中？也许所有这些做法的价值并不在于情感表达本身，而在于把自己的情感向某一个完全没有同理心的人或者物进行表达。

人们表达愤怒或悲伤的先后顺序，从与自己的亲疏程度来看，大多是从陌生人到亲密友人；而在表达快乐之情时，则完全不同。你晋升了、加薪并获得了到好评，甚或你的建议被采纳了，你迫不及待地想回家把这个好消息告诉你的丈夫或妻子。当你从地铁上下来时碰巧遇到你的邻居，她也是你的一个朋友，在学校活动中你时常会碰到她。你很乐意与她聊天，跟她分享你生活中发生的事情。她问你最近过得怎么样，这时，如果你高兴得想放声高歌，想大声地对她说自己的建议被采纳了，或者你赢了比赛，那么这是不恰当的。当然，你也不会这么做，因为你与你的邻居关系并不亲密。所以，你会让自己平静下来，尽量不让自己的激动情绪表现出来。你把你的快乐藏在心里，你只是微笑着说"一切都好，你呢？"但是，当你看到你的丈夫或妻子时，你会迫不及待地告诉他或她这个好消息，然后彼此拥抱，你的快乐之情完全溢于言表。通常而言，你会与你的配偶、父母以及你最亲密的朋友分享你生活中的巨大成功和喜悦，即使这当中你最亲密的朋友无法感受到与你同样的快乐，你也会这样做。

斯密指出，人们对于快乐和悲伤的态度及反应是存在很多差异的，其中的一个是：

> 然而，人们对于悲伤和快乐的态度及反应还是存在着这样一个差异的，即人们通常最可能倾向于对小快乐与大悲伤产生同情感。

因此，当你一旦获得成功的时候，作为旁观者的我是高兴的。但是，如果你获得了巨大成功或者突然获得成功，那么我可能就不那么高兴了，妒忌之情会在我心中油然而生。

> 一个由于意外运气的大转变而突然被擢升到远高于他从前所处的生活层次的人，大可放心相信，他最好的朋友给予他的那些祝贺并非全都真诚。

对此，作家戈尔·维达尔（Gore Vidal）说得更加直白，他说："每当我有一个朋友功成名就，我的心里就多了一份失落。"斯密认为，如果某个人是突然之间功成名就的，那么他就会感到别人对他的妒忌之心，他很难与他人分享自己的快乐。成功的男人一般会表现得比较低调，他尽量行事谦卑，虽然做得或许不够好，但是至少他会努力做此尝试。

斯密说，日常生活中小小的快乐，比如诙谐幽默和精神状态良好的人，都会给其他人带去一个好心情和平平常常的幸福感。因此，我们会与我们的朋友和熟人轻松分享这些愉悦，他们同样也会以好心情回馈我们。不过，即便如此，我们也只会与我们的家人和最好的朋友分享我们巨大的成功喜悦。

然而，另一方面，对于悲伤，我们却很容易与他人分享。我们甚至可以与陌生人分享巨大的悲痛，这比分享斯密所说的"小烦恼"更为容易。我们不会同情那些陷于鸡毛蒜皮小事情烦恼当中的人。斯密列了一张爱发牢骚的人的令人难以置信的抱怨清单。他说，当他抱怨厨师的厨艺不佳、同事没有什么礼貌的时候，当他诉苦旅行过程中发生不愉快、旅居的国家阳光不充足的时候，而他最爱的人，还有他的家人，居然一点也不关心。

> 一个每次遇上不如意小事情心里就觉得不舒服的人；一个每当他的厨师或管家一有小小的过错就会不愉快的人；一个对隆重高雅的礼貌仪式吹毛求疵而不管这仪式是做给他或是做给其他人看的人；一个和密友在午前相见而如果密友没向他道声"早安"就见怪的人；一个当他在讲故事时而如果他的兄弟一直哼着歌就生气的人；一个在郊外度假遇上坏天气或出外旅行遇上道路状况不佳就会发脾气的人；一个待在城市里会因为没有朋友做伴或所有大众娱乐都乏味无聊而抱怨连连的人，等等。我敢说，上述这样的人，即使他们的生气或抱怨有那么一点点道理，也很少会有什么人同情他们。

而且，还有比这更加糟糕的一点是，斯密说，我们不仅很难去同情他人这些小小的苦恼（我们可能还觉得自己被打扰了），甚至还很可能把他们这些小小的苦恼看成是幽默和乐趣。

此外，人类的心中有一种恶意，不仅会完全阻碍我们对他人的小小苦恼产生同情，甚至会使他人的小小苦恼多少变得有趣。

由于人们缺乏同情心，因此，斯密说，有的人把自己的一些小小的苦恼或烦扰隐藏起来，甚至对自己经历的一些事情进行自我解嘲，这是很正常的。在某些情况下人们并不会去寻求同情，而是会把自己所经历的事情轻描淡写地一笔带过，甚至在朋友面前还会"先发制人"，以表示这种小小的苦恼并没有什么大不了的。有时候，人们不得不表现出自己像是铁打的一样。我最喜欢的故事是我的哥哥所讲述的有关他旅行中碰到的一些麻烦。对此，他并没有抱怨，反而把这些麻烦编成了一个个颇具喜剧色彩的小故事。

但是，斯密说，人们会对自己的邻居的"深深的痛苦"给予强烈而真挚的同情。为了阐明他的观点，他指出，人们会为一本书或一场戏剧（或电影）中的悲剧而哭泣，即使他们知道这个悲剧是虚构的；一件伟大的艺术作品（有时甚至是一件低俗的作品）也会引发人们对真正的悲剧产生强烈的同情心。现实中的悲剧会导致人们更为强烈的反应，特别是当它发生在人们自己的亲人身上时。与他人分享悲伤会让人产生同情，给自己带来安慰。但是，如果你被你的情妇抛弃了，斯密说，那么别人就会一笑而过。你用你自己小小的不幸分散了你的朋友的注意力。

斯密还举例子说，如何处理你的朋友被情妇抛弃这件事情，在不同的时间、不同的文化背景下，其处理方式是不一样的。这些处理方式的非主流文化背景让人迷惑不解。如今我们生活在一个宽容的时代，已经无法想象自己的哥们儿向我们公开抱怨自己被情妇抛弃的场景。当今至少我们外出旅行、陷入爱河、为人处世叛逆不羁以及其他类似的行为，都不会成为人们茶余饭后的谈资。

斯密确定的第一个不对称现象是，人们很容易对他人的小快乐和大悲伤产生同情，人们对他人的快乐和悲伤的情绪反应是不对等的。他说，人们通常对快乐比对悲伤更容易产生同感。人们在婚礼上的快乐程度远远高于在葬礼上的悲伤程度。在葬礼上，人们的悲伤"只不过是装模作样的"，但是在婚礼上，人们却真正为一对新人喜结良缘而感到高兴。斯密说，人们甚至会与他们一样快乐，至少在那一刻肯定是这样的。

> 每当我们诚挚地祝贺我们的朋友时（使人性蒙羞的是，我们很少这么做），他们的喜悦简直成了我们的喜悦，刹那间，我们就像他们那样快乐，我们的内心溢满真正的愉快，喜悦与满足在我们的眼中闪现，令我们容光焕发、举止轻盈。

然而，当人们吊慰自己的朋友时，却表现得表里不一。

> 但是，与此相反，当我们吊慰自己的朋友时，与他们的忧伤相比，我们的感受是多么的微弱。我们在他们的身旁坐下并注视着他们，然后认真倾听他们诉说自己的种种不幸遭遇。

当某个朋友悲痛欲绝时，人们很难做到完全感同身受。斯密说，人们会因自己无法给自己的朋友以真正的同情而感到心里不安，因此会设法人为地"制造"同情心。不过，即使"制造"成功了，也很快就会消失。

> 但是，当朋友自发的激情时时打断他们自己的倾诉并几乎使他们几度哽咽时，我们内心毫无波澜的情绪虽然也会泛起那么些微涟漪，但是实际距离却是多么的遥远啊！甚至在同一时候，我

们也许还觉得他们的激情表现得过于平淡,如果换位,不比我们感受到的更为强烈。当然,我们也会暗暗责怪自己不够敏感。也许正因为如此,我们会尽力在自己的想象中勉强生起一种矫揉造作般的同情,然而这种同情,即使勉强生起,也总是人们各种想象得出的同情中的最轻微与最短暂的那种。一般说来,当我们一踏出朋友的房门时,这种同情就烟消云散了。

尽管人们对于他人的痛苦的自然同情心非常短暂,但是斯密还是得出了这样结论:人们对他人的关心应该是适度的;如果太过于关心了,那么人们就会发现自己的生活会变得难以承受;如果关心得太少了,那么当朋友陷入困境时,朋友便无法获得安慰。

看起来,当自然女神在我们身上装载我们自己的悲伤时,她似乎认为那些悲伤已经足够沉重了,所以除了敦促我们去减轻他人的悲伤时必须分担的那一部分外,她便没再命令我们去分担他人身上更多的悲伤。

我们每个人自己的烦恼就已经够多了,如果把别人的痛苦全部承担过来,这太辛苦了。我们对他人的同情心应该是有限度的。当然,这个有限度的同情心应足以安慰我们的朋友。

在我撰写本章内容的前几天,我的一个好朋友告诉我,他挚爱的一位表兄病危,他们的关系非常亲密,这位表兄是他在世的最后一位表兄了。我的朋友非常悲伤,我对他深表同情。我把我的手放在他的肩膀上,告诉他我为他感到难过,我请他随时告诉我他表兄的身体状况。不过,虽然我真的为我的朋友感到难过,并且我确实也能感觉到他的一些痛苦,但是这也仅仅限于那个时刻而已;我为他感到悲伤,但实际上我并没有真正的悲伤。正如斯密所指出的那样,除了我曾经向我的妻子提到过这件事之外,我很快就忘记了这件事。相比之下，在更早几周之前，还是我的这位朋友，当他告诉我他事业获得巨大成功的时候，我是真心替他高兴。他的成功给我带来了好心情，我不仅仅为他高兴而已。

斯密以这种快乐和悲伤的不对称（我们对成功比对失败更容易产生同感）来解释，为什么富人和名人能比穷人和默默无闻的人受到更多的关注，同时也能带来更多的快乐。我们感受着并高兴着富人和名人的成功。穷人和默默无闻的人只能短暂地打动我们，但不会留下深深的印记。斯密认为，这就解释了富人爱炫耀自己的财富，而穷人则会隐瞒自己匮乏的东西的原因。

> 就因为人们比较容易完全同情他人的喜悦，而比较不容易完全同情他人的悲伤，所以人们才倾向于夸耀自己的财富，而掩藏自己的窘境。最令人感到羞辱的，莫过于必须在众人面前展露自己的窘迫困厄，而同时又感觉到，虽然自己的窘境暴露在世人面前，但却并没有任何一个人感受到自己的痛苦的一半。不仅如此，人们所以追求财富、避免贫穷，主要也就是因为考虑到人们会有这样的感觉。

关于人们在痛苦或快乐时是如何与他人交流的，斯密的观察主要集中于人类的自然天性是如何的，而不太关注人们应该怎么做。他的意思是，人们对自己周围的人的同情在方式上存在着一些根本的差别。与体会亲密朋友的情感相比，人们与陌生人同情共感是有限的。人们可以快乐他人巨大的快乐，但却无法悲痛他人巨大的悲痛。他人的快乐能够让我们高兴，只要我们不产生妒忌之心便可以；而他人的悲痛效果就没那么明显了，即使对我们亲密朋友的悲痛也是如此。

那么，这种经验怎样才能转变为合宜性呢？每个人处理社会交往信息的方式是不同的，有些人轻轻松松就能处理好，而有些人则需要费很多周折才能处理好。让我们回头再来看看斯密对那首乐曲的比喻吧。有些人能够准确辨别绝对音调，有些人则是音盲。当我们取得一些较大成就并将它们与他人分享时，而他们却根本无法感受到我们的这份快乐，这难道是因为我们的成就让他们想起了他们曾经错失的成就，以致他们无法从我们的成就当中感受到快乐，并且这给他们带来了痛苦？当有人陷入痛苦中时，你会克服你天生的冷漠，向他们表示你正在倾听他们的悲伤诉说吗？当你自己陷入痛苦中时，你会向那些根本无法体会你情感问题的人流露出太多的感情吗？

斯密告诉我们，哪些东西是他人能够处理的，哪些东西是他人能够分享的，哪些东西是适合分享的，哪些恰当的诉说是会得到身边的人的响应的。斯密让我们敏锐地观察自己身上的缺点，让我们在与他人的情感互动中克服自己的缺点。我们中很少有人能够辨别绝对音高。当我们在倾听我们的朋友或者我们的朋友在倾听我们诉说时，斯密帮助我们找到了准确的音调，即他使我们知道在与我们亲密的友人、普通朋友以及陌生人进行情感互动时，什么才是合宜的或恰当的。

合宜的行为涉及我们做出符合我们周围的人的期望的行为的能力，反过来他们也需要符合我们的期望。当我们符合了这种期望，我们就允许我们周围的人信任我们。这种信任允许我们在亲疏程度不同的各种圈子里有分寸地分享彼此的喜怒哀乐。这就是可爱的开始，也是赢得我们身边人尊敬的开始，同时也是赢得自尊的开始。

合宜的行为被斯密视为是对绅士的一个衡量标准。斯密说，合宜，也就是恰当的行为，使你获得了周围的人的认可，但是它并不是赞美或名望。要获得赞美和名望，你需要美德。

第 7 章　如何做个好人

斯密鼓励人们要拥有美德，这是让人们为他人所爱的最好的方法。但是，斯密所说的美德究竟是指什么呢？在斯密看来，美德虽拥有多层含义，但主要有以下三个层次，即审慎、正义和仁慈。一个人拥有这三种品质不但能够让自己变得可爱，而且还能让得到自己身边人的尊敬。也就是说，这些品质能够让我们为他人所爱。

那么，斯密所说的审慎、正义和仁慈到底是什么意思呢？根据斯密的阐释，我们再转用现代术语来表示的话，审慎就是善待自己，正义是指不伤害别人，仁慈意味着友好地对待别人。要想过上美好的生活，努力让自己拥有这三种品质不失为一个好主意。善待自己，善待他人。你可以通过不伤害他人并且尽自己所能去帮助他人的方法来善待他人。

在现代英语中，审慎的意思是不蛮干。但是斯密的意思远不止于此。他所说的善待自己，是指全方位地善待自己。对斯密来说，审慎涵盖了个人举止的方方面面，"聪明而理智地对待"自己的健康、金钱和名誉。因此，一个审慎的现代人是不会抽烟的，他会积极地锻炼，控制体重；他会努力地工作，避免欠债；他不会制订一夜暴富的计划。我认为，他更愿意选择指数化共同基金，而不是选择管理基金和股票。总之，他不会冒险让自己爬得太高，以免将来自己会摔得更重。

那么，一个审慎的人该如何善待自己的名誉呢？斯密给出了一些建议。他的建议永远不会过时，不过对现代人的情感来说却是一个巨大的挑战。

　　斯密说，一个审慎的人是真诚而坦率的，同时也不会主动卖弄自己的知识；在言行举止方面他会有所保留，保持小心谨慎。在每一次讨论中，他都不会固执己见。他是一个好好先生，他会设法避免把各种关系搞僵。他的友谊表现为一种"对少数几个经过重重考验之后精挑细选出来的人生伙伴的忠实的依恋"。他选择朋友，不是因为他们酷或者他们取得了不凡的成就，而是因为他们能够"冷静沉着地对谦逊、谨慎与善行给予尊重"。

　　审慎的人绝不是一个派对狂，"他很少和那些以狂欢逗趣闲聊著称、喜爱饮宴作乐的社交明星来往，更不会在那类社交团体中成为主角"。这种社交场合"或许会中断他坚定的勤勉，或许会妨害他严格的俭约"。频繁地参加聚会，你会发现你得提早下班或者花费太多的钱在你的穿着和带给主人的酒水上。

　　审慎的人致力于让自己成为一个与世无争的人。他永远不会失礼。他会牺牲今天的安逸和享受以换取明天更大的安逸和享受。他会放弃今天他有点想要的东西以换取明天他最想要的东西。他安安分分地做好自己的事情，从不以干涉他人的事务为乐。如果他替他人安排好了生活或由此获得了好名声，他并不会沾沾自喜。如果有需要，他会为他的国家服务，但是他从来不会计划着参与公共事务。他很高兴把管理权留给他人。"在他的心底里，不受干扰地享受安稳平静的生活这种日子令他欣喜的程度，不仅高于野心实现时可能得到的一切虚荣，而且也高于最伟大的和最豪爽的行动完成时所得到的那种真实而稳固的荣耀"。

　　在提出这么多涉及政治和公共领域的问题的建议之后，斯密又指出，"超越个人层面的贤明的行为"确实是存在的。谨慎的将军、立法者和政治家有可能把稳定的、可靠的审慎与"许多更加伟大、更加了不起的美德"，比如勇敢、仁慈或正义，很好地结合起来。"它必然以所有知性方面的长处以及所有德行方面的优点都达到最高层次的完美为前提，它是最好的头脑加上最好的良心，它是完美无瑕的智慧结合最完美无瑕的德性。"

第7章 如何做个好人

在斯密所讨论过的所有与审慎有关的品行当中，我最喜欢的是他指出一个审慎的人应该如何对待自身智力天赋的规则。

> 审慎的人总是严肃认真地研究学习，想要真正了解他声称他所了解的东西，而不单是为了说服他人了解它。虽然他的各项才智也许未必很耀眼和出色，但它们总是完全真实无欺。

审慎的人是真实的，他对他的技能和成功抱有谦逊的态度。斯密建议，关于一个人自身的才能和成就，应该"少说多做"。要真正领会他的这个建议，有一个很简单的方法，斯密说：

> 他既不会企图像一个狡猾的骗子那样使用奸计欺骗你，也不会企图像一个假装博学的人那样摆出一副傲慢的架子欺骗你，更不会像一个肤浅无耻而自命不凡的人那样信口开河地欺骗你，他甚至不会夸示他真正拥有的那些本领。他的言谈既单纯又谦虚，他厌恶所有夸大吹嘘的伎俩，尽管他知道，其他人经常使用这种伎俩推销自己，以博取公众的注意力和名声。

我不知道在斯密那个时代，人们是通过什么方式进行自我推销的。今天，我们利用 Twitter、Facebook、博客以及各种公关噱头来为我们的产品、想法和自己赢取大众的关注。这些自我推销的方式都太过轻率、缺乏美德吗？当然，过度的自我推销让人感觉有失尊严。我们今天的自恋行为比斯密那时代最恶劣的暴行还要糟糕。这就对现代世界的男人和女人提出了一个巨大的挑战：你如何在这个日益有损尊严的世界里保持自己的尊严。

据谷歌报道，现在全世界大约有 1.3 万亿册图书。如果我想让人们来阅读我写的书，想让人们注意到我的书，得有人为它"敲锣打鼓"、"摇旗呐喊"或者"制作一些电子舞曲"。如今，不管是什么东西，哪怕是最新推出的你所喜爱的某品牌的饮料，或者是某种智能产品，你都必须写推文、博客进行宣传，并且还要针对其最大的卖点进行炒作。那么，作为个人，我们该做些什么呢？最好的办法是使用现代化的社交媒体和自我宣传的艺术，但是尽可能地不要胡吹乱捧。

大多数人认为，自我推销有点不体面，或者至少他们自己觉得是这样的。因此，当他们在自己的博客上提到他们的书时，他们把它称之为"厚脸皮地自我推销"，他们觉得他们正在做的事情有点尴尬。然而，当你说"看着我"时，很难假装你在说别的什么东西。维护你的尊严变成了风格和平衡问题。问题在于如何以一种最谨慎和最有尊严的方式来说"看着我"这句话。对于初学者来说，请不要撒谎或过于美化自己，不要夸大你的成就或者资质，也不要虚报自己获得了学位或者谎称自己在越南服过兵役。

你还要了解你的听众（观众），这能够帮到你。"你的铁律"告诉我们，你比别人更关心自己。你可能会认为，这意味着要引起人们的注意的话，就必须去打扰别人。或许是这样的。但是大多数人都不喜欢被人打扰。我曾经听说过一位知名的喜剧演员在面对信用卡公司的威胁时的处理方法。当信用卡公司不断地向他发"最后通牒"并威胁再不还款就要消他信用卡的时候，他的回复是："听着，信用卡公司，我无法一次支付完我所有的账单，通常我都是把所有的账单放进我的一顶帽子里，然后每个月取出几张账单来偿还。现在如果你不断地来打扰我，那么我就再也不把你的账单放进我的那顶帽子里了。"如果你不断地通过电子邮件去打扰别人，他们就会把你的账单拿出帽子；如果他们把你的邮件放进垃圾邮件文件夹中，那么你就玩完了。

喜欢自己成为被关注的焦点的人不在少数，他们试图提升自己的形象，但是，只有当他们真正认识到上面这一点并不再试图抓住任何一个可能的机会来推销自己的时候，他们的形象才有可能达到尽善尽美。有时候沉默是金，不做任何推销反而可能会起到推波助澜的作用。有人或许会说,在当今世界,你如果保持沉默、低调行事,那么看起来就像是一个傻瓜,因为你必定会错失良机。但实际上并不是所有的情形都如此,有时候当一只哑口鱼比当一个炒作手更好。

按现代人的观点看,斯密所说的这个审慎的人似乎有点无趣。斯密甚至认为,一个人对自己的健康、财富和名誉也应该谨慎行事,虽然一个人的"和蔼可亲的个性"收获的只不过是"一定程度的冷静和尊重",因而似乎没有资格接受非常深切的敬意和赞美。然而,斯密所说的审慎的人还是相当有尊严的。我不得不这样去想,这在很大程度上体现了斯密自己所渴求的行为准则。

那么,对于斯密所强调的三大美德当中的第二大美德——正义——又该如何看待呢?在《道德情操论》的结尾部分,斯密探讨了各种不同的正义。不过,当斯密在这同一本书的第一篇中单独使用"正义"这个术语并着重强调它的重要性时,他的意思是,"正义"就是指不损害或不伤害他人。这是一种消极的美德,即不去做坏事的美德。希勒尔早在斯密之前的几千年就已经提出过类似的观点:己所不欲勿施于人;不要去偷盗;不要去谋杀;不要为了压倒别人而去欺骗;不要在打牌时行骗;不要在学校捣蛋;不要虐待你的配偶;不要伤害别人的感情,等等。

斯密探讨正义时所使用的其中一种方法是,援引那个人们心目中的"公正的旁观者"对人们自身行为的看法。斯密用了长长的一段话,相当有说服力地指出,人们是如何觉察自己的不义行为的。他首先解释道,人们赞同一个人伤害他人的唯一理由是,为了报复或惩罚危害:

> 除了被他人作恶所害而引起的那种正当的义愤,我们不可能会有其他什么恰当的或可以获得人们赞许的动机。

斯密继续说,如果你为了一己之利而伤害了他人,那么这个"公正的旁观者"就会对你做出的不良行为进行"审判"。

虽然每个人自然都偏好自己的幸福甚于他人的幸福，但是任何公正的旁观者绝不可能赞许我们以牺牲他人为代价，放纵我们自己的这种自然偏好，譬如，只因为他人妨碍到我们的幸福，就去搅乱他们的幸福，或只因为对他们有用的东西对我们也同样有用或更有用，就强行从他们手中拿走那东西。

当然，斯密也承认"你的铁律"（你关心自己更甚于关心别人），但是，紧接着，他就给出了一个非常完美的结论，说明为什么把你自己放在优先于别人的位置是错误的。他在论述中运用的逻辑与在分析中国地震这个例子时的逻辑是一样的。虽然你对别人没有像对你自己那样关心，但是你（为了一己之利去伤害他人）还是不可能被"公正的旁观者"所接受。

所以，虽然某个人，也许真的在自己心里，自然而然地喜欢自己甚于喜欢全世界的人，但他却不敢在众人面前直视他人的眼睛并声明这是自己的行事原则。他觉得，在这种偏好上，他人绝不可能赞许他。这种偏好，不管对他来说是多么的自然，但是对他人来说，必定总是显得极其过分。

任何一个人，当他顾及那个"公正的旁观者"的看法后，就会"贬抑他自己那妄自尊大的自爱，把它压低至他人能够赞许的程度"。斯密用相当华丽的语句对人生中的公平竞争进行了全面的总结，以此来结束本段落：

在追逐财富、荣誉和加官晋爵的竞赛中，他大可尽其所能地奋力奔走，他大可绷紧每一根神经与每一寸肌肉，以求凌驾于所有的竞争者之上。但是，他如果竟然推挤或摔倒其中的任何一位，那么旁观者们就肯定不会继续纵容他，因为他违反了公平竞赛的原则，同时他人也绝不可能容许这种事情发生。对其他人来说，那个被推挤或被摔倒的人，在任何方面，都和他同样地有价值。他人无法赞许他这么自爱，无法赞许他以这种方式表现出他如此喜爱自己甚于那个人，无法赞许他所有伤害他人的动机。所以，他人很容易对被伤害者心里自然升起的怨恨产生同情，于是伤害他的人变成了他人厌恶与气愤的对象，而他自己也会感觉到遭受了旁观者的厌恶与气愤，觉得那些情感将从四面八方涌来反对他。

为了比别人更早地完成任务，我们的自爱可能会怂恿我们作弊。但是，当我们通过我们心目中那个"公正的旁观者"的眼睛来看待自己时，我们就知道这种行为是错误的。

正义的法则是关于黑与白的相对法则。如果我欠了别人十块钱，而我又同意归还时，正义要求我归还给他。在这一行为当中，关于我应该履行的义务，没有什么复杂性可言，也没有什么模糊不清的地方。斯密承认，除此之外，还存在一些情有可原的情况，因此正义的法则可能会变得更为灵活。但是他又强调，这种做法会让正义陷入一个非常危险的境地。他敦促我们坚定不移地遵守正义的法则；我们越遵守正义的法则，便越能得到更多的赞美并变得更值得他人信任。

一旦我们开始认为正义的法则在某些特殊情况下可以被忽略，那么我们就不再值得信任了，我们便有可能变成一个无法无天的人。斯密举了两个例子，即小偷和通奸者。他指出，使这两类人陷入困境的正是因为他们试图将自己的行为合理化。

一个小偷会认为，自己从富人那里人偷东西并不是作恶，因为富人少了这点东西并不会感到难过，而且富人甚至有可能永远也不会知道自己什么东西被偷了。一个奸夫会认为他自己并没有作恶，即使他与自己朋友的妻子通奸，但是只要他隐瞒这段奸情，未让她的丈夫起疑，就等于未扰乱她家里的和平。一旦我们开始对这样的极力巧辩与文过饰非让步，那就不会有什么无法无天的罪行是我们做不出来的。

请读者一定要记住，斯密认为，当我们的感情与我们认为正确的东西相冲突时，我们从周围世界中所接受的一般道德准则和规范所能起到的作用，就是支持"公正的旁边者"进行评判。斯密一再强调，正义的法则（例如永不偷窃、忠于你的配偶）非常重要，绝对不能偏离，它们在我们与自我欺骗抗争时发挥着决定性的作用；一旦我们决定这些规则在特殊情况下可以有所放宽，那么我们就会想方设法欺骗自己，认为对自己好的也可能是对他人好的。而到了这个时候，也就"不会有什么无法无天的罪行是我们做不出来的"。这并不是一个无关紧要的警告，而是响彻云霄的警笛声。

斯密是基于他对人性的深刻的认识基础上提出这一警告的。严苛的规则比那些较为宽松的规则更容易得到遵守，反之亦然。你可能会认为禁戒比节制更难做到。以吃薯片为例，你干脆一片都不吃比只吃一片或者只吃一点点更容易做到。不过，你可能会问：在别的事情上，也是这样的吗？限制自己只吃少量薯片，应该比一片都不吃更容易做到吧？关键是，吃了还想再吃，欲望永无止境。斯密告诫我们，必须以"最大的精确度"坚守保持正义的一般规则；正义规则都是"极为精确的，其中没有例外或修正的余地"。

如果我们想实现斯密所描述的正义，那么正义规则的精确性以及我们以"极高的精确性"来遵守它的能力，就为我们指明了一条走向正义的光明之路。接下来我们来讨论斯密三种美德中的第三种，即善行。什么是善行呢？善行是指做善事。如果只是不做坏事，那其实是很简单的。但是，你怎么去做好事呢？行善的规则是什么？唉，那就没那么简单了，这并非是利用简单的黑白对立规则就可以说清楚的。正义的规则是很明确的，而善行的规则是"松散的、模糊的、不确定的"。

斯密首先探讨的是感恩。感恩是善行的一种，它初看起来是相当简单的。表达感恩似乎是一件非常容易做到的事情，很多时候也确实是这样。斯密说，如果有人曾经借给我1 000美元，那么我的感恩之心就使我觉得我有义务在对方陷入困境时借钱给他。但是我有义务要借给他同样多的钱吗？什么时候借？明天吗？哪一天呢？

假设我们两人的财务状况不大一样。假设他借给我1 000美元对他来说根本就是九牛之一毛，而对我来说，借给他同样多的钱却会给我带来极大的财务压力，那又将会如何呢？或者，如果他借的不是钱，而是问我借对我来说很重要甚至很珍贵的东西（假设价值刚好相当于1 000美元）呢，那又会如何？为了感谢他，我要答应吗？斯密又说，如果我的境况比他好得多，那么我愿意借钱并不足以表达我对他的感激之情，或者说，即使我借给他的钱相当于他借我的钱的10倍，也不足以表达我对他的感激之情的1%。但是，在正常情况下，如果不借钱给他，我就有可能会被指责为是一个忘恩负义的人，会受到他人的指责。

感恩是构成善行的最简单的美德之一。斯密还探讨了其他善行美德，比如友善、人性化、热情好客、慷慨大方等。相对于感恩，斯密说，这些美德的规则就"更加模糊和不确定了"。

> 几乎所有的美德的概括性规则，譬如审慎、慈悲、慷慨、感激、友善等美德分别对应的那些概括性规则，在许多方面是如此松散与不精确，容许这么多例外，并且需要这么多修正，以至于即使我们相当尊重它们，但我们的行为也几乎不可能完全遵循它们。

考虑一下慈善这一美德吧，它是善行的一部分。慈善就是指帮助那些正在遭受苦难的、处于绝望当中的或者身陷贫困当中的人的行为。问题在于，你应该怎么去帮助那些饥肠辘辘的或者经济状况拮据的人呢？当你去某个大都市旅行时，遇到有人向你伸手要钱时，你应该给他多少钱？如果你认为他将会拿你给他的钱去吸毒或者酗酒，那么你给他钱这一行为可能就是错的，不是吗？或者，你是不是应该像尊重其他人一样尊重这些穷人，认定他们有能力判断自己作出的决定，不管你有多不同意他们的选择？

你应该给每个向你要钱的人一样多的钱吗？或者你应该分辨出哪个人是真的有困难，哪个人是装穷的吗？或许你应该一分钱都不给这些行乞的人，而是捐钱给某些慈善机构，由这些机构根据受助者的个人状况分配善款。但是，对于那些不善处理一些表格或者不善与官员打交道而又露宿街头的人，你又将会如何做呢？也许你应该既不向私人慈善机构捐款，也不应送钱给那些无家可归者。如果你是纳税人，那么你的收入的一部分已经用于支付食品救济券了。这是否算得上是在履行你的帮助饥饿人群的义务了呢？如果这些都算，那么你应该把钱捐给某个私立学校的奖学金基金会，让那些最贫穷的孩子也都能够入学，给他们一个完全脱离贫困的机会吗？要回答这些问题，并没有初看上去那么简单。

斯密还对正义和语法的规则进行了比较。语法规则是"准确的、精密的和必不可少的"。善行和许多其他关于美德的规则就像那些规定什么是伟大的作品，即什么是"庄严而优美的作品"的规则一样，是不精确的。关于如何才能写出一部伟大的作品，从来都没有一个什么具体的规则。

> 正义的规则可以比作语法规则，其他的美德规则则可以比作评论家对什么叫做文章的严谨优美所定下的规则。前者是准确的、精密的和不可或缺的，后者则是松散的、模糊的以及暧昧的。这种规则比较像是在为我们应该追求的完美提供某一概念，而不是什么确实可靠、不会出错的指示供我们用来实现完美。

斯密说，人们有可能教会某个人按照某一套语法规则进行写作，我们也可以给某个人定出一套正义规则然后教会他公正行事。

但是，不会有什么规则让我们来遵守，使我们可以受它引领并绝无谬误地写出严谨优美的文章。同样地，虽然有一些规则在许多方面都可以协助我们修正与确定我们原来对那些美德所怀有的一些不甚成熟的念头，但是也不会有什么规则，只要我们学会运用它们，便可以绝无谬误地在一切场合做出谨慎的、慷慨的或仁慈的行为。

善良的行为就像是一部好作品，当人们看到它时就会明白这一点。但是真要把教会人们行善或者把善行精确地描述出来，却没有那么容易。我认为，斯密本人也没能清楚明了地把它们表述出来。正因为善行规则的模糊不清，使人们在自己有机会成为好人时却望而却步。人们无法确定该做些什么来行善还只是问题的一方面，关键在于，由于没有任何规则能够把善行极为精确地与其他一般行为区分开来，因此人们就有了很多可以为自己辩解的理由：做那些对自己最有利的事情吧，然后把它想象为我们正在帮助我们身边的人，尽管事实可能恰恰相反。

比如，当我儿子需要我帮助或者想与我交流时，我有时候会心不在焉地应付他，但却留意足球比赛的情况。对此，我会找出许许多多理由来证明我这种自私自利的行为是对的，比如，我在为家庭拼命，如果我不偶尔看看足球比赛放松一下的话，那么就会降低我的工作效率，甚至会影响我作为一个父亲的角色。我可以说服自己不把全部注意力全部都放在我儿子身上，甚至有时我会对自己说，我是一个全能高手，可以一心两用，既可与儿子交流，又可关注足球赛事，两者都能兼顾。我会一字不漏地听进去他所说的每句话，不是吗？如果我因为自己无法全身心地与儿子交流而感到内疚，那么我会告诉自己，我不可能对他所有他所关注的问题都给出自己的看法，我必须有所取舍。是的，有时候当他告诉我他一天的情况或者他思考的问题时，我会边看比赛边听，但是没关系，在其他时候，我还是会全身心地听他说的，因此我做得还算可以。

当我的孩子还小的时候，我读过一本有关父母如何养育孩子的书，它鼓励父母应该在孩子伸出他们的小手时及时地握住它们，终会有那么一天，当你的孩子长大了，或者有了足够的自我意识，他们就不再需要紧紧抓住父母的手了，到那时候做父母的会后悔错过太多次享受这样美好时刻的机会。看完这本书后，我制定了一条颇具挑战性的善行规则，即当我的儿子或女儿向我伸出他们的双手时，我一定会握住它们。这一规则不仅意味着我需要更经常地握住他们的小手，而且还要比我原先握的次数多得多。更重要的是，我非常享受这种时光，很多次都是我先向他们伸出我的手。

握住你孩子的手，你应该从来不会对此感觉厌烦吧?! 但是很可能有些时候你会忘记或者刚好不方便，再或者当时你真的感到很疲惫，于是错过了机会。能把善行坚持下去很难，比如，当你的朋友和家人需要你时，你能够全心全意地对待他们。这些规则之所以难以坚持，不仅仅因为当你不想坚持这些规则时，你考虑的是你这样做比握住你孩子的双手让你牺牲更大，而且还因为有很多时候，当你全心全意对待你孩子提出的要求时，反而会觉得满足他们的要求对他们是种伤害。比如，你正在赶一份计划书，而你的孩子将不得不自己独立完成自己的代数作业。那么，让孩子在没有任何帮助的情况下独立完成作业是不是更好？难道你不是在教育他自己独立完成作业吗？如果不给他任何依靠，是不是能够让他更好地记住教训？

事实上，上述这些辩解的理由都不能成为真正的理由。也就是说，这些理由虽然正确，但它们会使得那些善行的规则变得很难执行。亚当·斯密理论让我们知道，如果没有这些规则，行善是很难的。有"当你的孩子伸出手时你总是去握住它"或者"总是全身心地关注你的孩子"这些规则会更好，即使它们并不是真正的普遍性规则，即使你知道你无法以"极高的精确性"来执行它。那些不切实际的、不可支持的规则提醒你，要小心提防自己千万不要以自我为中心，如果当你的孩子正在绞尽脑汁地解某道代数题无果转而向你求教时，而你却因为自己正在观看球赛或者轻轻松松地在上网冲浪而显得不耐烦，那么请你牢牢记住，那个"公正的旁观者"可能会来评判你。

虽然在斯密看来，审慎、正义和善行是人最重要的三大美德，但是在整个论述过程中，他还提到了其他更多的美德，友善就是其中之一。斯密最好的朋友大卫·休谟是在1776年年底去世的。在休谟去世几个月后，斯密写了一封信给威廉·斯特拉恩（William Strahan），他是休谟和斯密作品的出版商。这封信谈到了斯密和休谟的最后一些谈话以及休谟是如何面对死神临近的。那封信的结尾部分充分体现了斯密对聪明和贤德的人的看法。

斯密写道，不管人们对休谟的哲学观点赞同与否，但是没有人能够对休谟的人格和品行提出质疑。

> 我们最杰出、永垂不朽的朋友就这样逝世了。对于他的哲学见解，人们无疑会各执一词，或赞同且予以证实，或相左而施加诋毁，但对于他的品格和为人，则很难会有不同意见。①

休谟性情平和，即使在他生活并不怎么富裕时也是如此。当他并没有很多钱的时候，当他处于"生命最低谷"的时候，他的生活非常俭朴，但是这些从来都没有阻止他成为一个仁慈而慷慨的人。他对金钱所持的谨慎态度并不是因为他贪心（斯密把它称为贪婪），而是由于休谟有个愿望，

---

① 斯密此信的译文，基本上源于林国夫等译、商务印书馆于2000年3月出版的《亚当·斯密通信集》，本书译者仅做了个别字词的调整，在此谨表谢意。——译者注

即他不想依赖他人而生活。

他的脾气,窃以为实际上比我所认识的任何人也许都要和蔼可亲。俭朴固属必须,而在他也是一项美德,但即使身处最不幸的状态之下,他待人也从来都是宽大为怀和慷慨大方。这种俭朴,其根底不是贪婪,而是热爱独立自主。

休谟机智而善于辞令,但他的戏谑之语从来不会让人觉得他心胸狭隘(毫无斯密所说的"恶意的迹象"),也从来不会伤害其他人的感情。

他在性格上极其温和,同时思想也很坚定,一旦下了决心,就绝无动摇之时。他毕生幽默诙谐,而且文雅大方,朴实无华,这是他的好性格、好脾气的真实流露,至于恶意,则连一丁点儿迹象都没有,而这,常常是他人身上所以有那种叫作理智的讨厌的东西的根源。他也挖苦人,但本意不是要伤害人,因此,就连遭他挖苦的对象也非但感情没有受到伤害,且每每反倒感到高兴和满意。他的好挖苦,使他的谈话更具有魅力,在这一点上,朋友们认为在他所有令人感到亲切的美好品质中也许没有一条比得上,他们就常常是他挖苦的对象。

斯密在信的结尾部分赞美道,休谟快乐的天性,他的善于交际,再加上他的智力天赋和专心致志,让他成了一个令人钦佩的人。斯密的总结完全称得上是你想从朋友那里收到的最好的礼物。

生性快乐而善交际者,往往是同时兼有另一面浮躁、浅尝辄止的品质的,但在他则不然,他是一个专心致志、学而不倦、勤于思考、在每一方面都力求全面能力的人。总而言之,我始终认为，他无论生前还是死后，都是接近具有人类脆弱的天性所能容许的一个贤明之士能够实现的最高理想。

亲爱的先生，我永远是
您的最亲爱的
亚当·斯密

休谟已经接近"人类脆弱的天性所能容许的一个贤明之士能够实现的最高理想"了，这无疑是一个非常崇高的成就。然而，我们很多人都很难达到休谟的层次。不过斯密告诉我们，朝这个方向努力是我们实现为人所爱必须走的一条正确的道路，也是我们变得可爱的最佳途径。或许我们中的许多人不会满足于做一个明智和善良的人，我们还希望世界变得更美好。

第 8 章　如何让世界变得更美好

你是一个审慎的人，你善待自己，作为一个诚实而有尊严的人过了一辈子；你坚守正义原则，竭尽全力不去伤害任何人；你是仁慈的，你宽容友善地对待自己身边的任何人。要全面做到这三点并不容易。或许，我们许多人渴望达到的目标甚至比这还要高：我们希望自己不只是做一个好人，还希望扩大自己行善的范围，不仅仅局限于自己的朋友、家人和同事这样一个小小的圈子；对于那些与我们偶然邂逅的人，我们希望做到的不仅仅是以礼相待，而且还希望能够对更广泛的世界发挥自己的影响。

扩大影响力的范围是我们渴望为人所爱的一部分，如果我们做出了某些大善行，其反响超出了我们自己这个小圈子，那么我们将会被更大的圈子所敬重。但我认为还不止于此。正如斯密所指出的，我们希望通过变得可爱而被人所爱，同时渴望去改变世界，然而这仅仅是一种想让自己变得更加可爱的愿望。因此，虽然我们以自我为中心（我们都是以自我为中心的），但是我们还是希望自己被他人所关注，并且希望他人能把自己视为一个为大局而牺牲小我的人。我想我们大多数人其实是真的想为这个世界做出一些贡献的，而不想仅仅成为一个只流于表面的欺世盗名者。我们希望自己能够尽自己所能，让世界变得更加美好。

但是，我们应该怎么做呢？有一次，我收到我的一个播客听众的一封电子邮件，要我给他提一些建议。他说他现在热衷于经济自由。他是一个年轻人，还有很长的人生之路要走。他的一生应该如何度过才能有助于促进经济自由？他是否应该先拿个经济学博士学位？或者成为一个作家怎么样？再或者，自己创业、努力赚很多很多钱，然后捐出一部分利润给某个组织，以此来促进经济自由？或者从政？他列出了很长的一个单子。

我的这位听众认为我有能力去帮助他，他的这种想法让我羞愧不已。当然，我只能给出一个最简单的回答，那就是没有答案。促进经济自由从来都没有一种最佳的方式。更广泛地说，从来都没有一个最好的方法可以让世界变得更加美好。一个人的任何选择都是可以为世界做出贡献的，但所不同的是，你能做出的贡献很大一部分都取决于你独一无二的天赋、激情和机会。

你可能没有能力和远见去创办、经营和发展一个公司。你可能没有经过学术训练因而无法拿到博士学位。即使你是一个非常无私的人，你唯一的目标就是最大限度地扩大你对世界的影响力，也很难知道如何最有效地使用自己的时间和精力。那么，你如何确保自己认为有效的方法真的会让世界变得更美好呢？有时候好心会办坏事。那么，你又如何才能避免出现好心办坏事的局面呢？或许，仅仅是或许，你让世界变得更美好的最佳方式是让自己成为一个超级棒的丈夫或母亲或邻居等。

你也许能够成为一个真正的好员工、好经理和好企业家。我们有时会把我们的事业看成是我们生活的"自私"的一部分，因为我们通过它赚钱或赚取利润，认为只有我们的利他行为，比如说做慈善、在施粥现场当志愿者和在医院献血等，才能称得上是真正为他人做贡献，我们认为只有那样，才能让世界变得更美好。其实这是一种错误的看法。我们做好自己的本职工作也是在帮助他人，也会让世界变得更美好。

一位杰出的教师可以改变学生的一生。一个成功的老板能够想出很多办法来挖掘和利用员工的才能，使他们顺利成长。经营一家大型的餐馆，不仅可以让许多人填饱肚子，而且还可以提供一个场所，让人们有更多机会约见朋友、相互交流、增进友谊并留下美好回忆。人们之所以有机会买到更便宜的衬衫、苹果和领带，是因为有人找到了一种可以降低存货成本的方法，这样他们才能够以更便宜的价格来销售商品，从而使得顾客们可以以比原来价格更低的价格来满足自己的欲望。这样一来，顾客们就可以用省下的钱来度一个更长的假期，或者让自己的孩子们接受更好的音乐教育，或者买更好的衬衫和领带。再或者，最简单地，微笑着面对你的生活，就能够让你周围的人的生活更加美好。

这些并不是什么微不足道的事情。对于我们中的许多人来说，虽然他们通过做这些事情得到了些许报酬，但这只不过是生活的调剂而已，并不是他们要干的正事。但因为我们必须赚钱养家，所以我们常常专注于自己手头的工作，以至于我们常常忘记实际我们运用自己所学的技能和所掌握的才艺也能给他人带来影响，无论这种技能和才艺是什么。

通常，即使我们记住了我们所做的工作对他人有利，但我们中的许多人还是希望自己能够做得更多，做一些与自己没有直接利益关系的事情，能够不计报酬地去帮助他人。比如，有人去做少年棒球联盟的教练，去食品救济站当义工，去读书给孩子们听，或者花钱去学习自己感兴趣的课程。我们大多数人确实有必要为了令自己满意而付出时间和精力去做一些无私的事情，或者加入一个比我们现在所属的组织更大的组织。

在《道德情操论》一书中，亚当·斯密为我们指明了一条让世界变得更美好的道路，我们所有人都可以走上这条道路。不过，这条道路不容易被人们看清楚，它也不怎么引人注目。它是那些不能写进你简历中的东西，也是一些让你无法拿出来炫耀的东西；相反，它只在我们所做的每一件事情背后起作用，它潜伏在那里，影响着我们与自己身边的人的交往。要理解斯密关于我们如何才能够为了让世界变得更加美好而做出贡献这一洞见，我们必须更深入地理解斯密关于世界是如何运行的观点。

Google（谷歌）作为一家公司成立于 1998 年。这是一个有据可查的事实。然而，究竟从什么时候开始，"我稍后去 google 一下"或者"我昨天晚上 google 了一下"这种表达方式变得合乎语法了，却没有一个官方的日期。"去 google 一下""到互联网上 google"这种说法首先流行于说英语的国家，然后很快就传遍了全球。是谁决定用一家公司的名字来当作一个动词用是没有问题的？

让我们再来看看 Enron（安然）公司的例子吧。众所周知，最初这家公司精英云集，但是不久之后，它却因为公司内部的贪腐和不诚信而闻名于世。但是，"enron"并没有成为一个动词或名词，甚至在不经意间的闲聊中也不再被人所提及。当然，我随时可以把一个贪污腐化和没有诚信的人称为一个"an enron"（安然人），但是对方可能对我用这个词表达的意思一头雾水。平心而论，将这家公司的名称作为名词去指称一类不道德的人，其实可以说是相当不错的主意，但是它能否流行起来由谁来决定呢？

是用户们。"enron"之所以没能成为一个通用名词，而"goolge"却成了一个通用的动词，这是由用户们决定的。之所以说是由用户们决定的，是因为连 google 的管理层和股东都反对这一用法。他们希望由字母"g"后面跟一个"o"、然后再跟四个字母"ogle"，即"google"，这个单词的意思就更简单一些，它就是指一家位于美国加利福尼亚州山景城的公司，没有任何其他含义。然而，令人惊奇的是，他们无法阻止用户们的决定。他们虽然可以抗议、抱怨和反对，但是这个单词代表什么意思并不是他们能决定的，一切都取决于用户们。

说用户们决定了"google"是一个动词的唯一一个问题是，虽然这由用户们来决定是一个不争的事实，但是决定它的方式与其他由用户们决定的动词不一样，其他动词是在群体环境下决定的。然而，关于"google"作为动词使用这种用法，计算机用户们并没有举行过投票，也没有举行过公开的对话，更没有试图去说服那些不喜欢把"google"当作动词用的人，比如说山景城里的那些"an google"（谷歌人），以及那些认为"google"这个动词并没有什么吸引力的传统主义者。然而，现在的情形是，用户们可以用"google"来代替"在互联网进行搜索"这句话的含义。用户们也没有为了得到那些传统主义者的支持而进行妥协——用户们没有说"你们同意我们这样使用'google',就不再这样使用'xerox'(用来代替'影印'这个动词)了"。事情就这样发生了,这期间并没有任何人协调或管理过这个决定。

通常,当我写下"用户们决定"时,你知道这意味着什么?这意味着有不止一个人参与了整个决定过程。但是,当我写下"用户们决定把'google'当作一个动词来使用"时,却意味着完全不同的情形。我们找不到一个单词来描述"google"成为一个动词的过程。英语语言通过并不那么完美的反复试错以及口耳相传的过程而得以发展。一些不发音的字母保留了下来,大量极不规则的动词也保留了下来……这使得那些不以英语为母语的使用者很难掌握英语的要领。flammable(可燃的、易燃的、易燃物)和 inflammable(可燃的、易燃的、易燃物)这两个单词表达的是同一个意思,而 decisive(决定性的、果断的)和 indecisive(非决定性的、犹豫不决的)表达的却是相反的意思。

你可能会认为最好成立一个委员会,以决定什么样的单词结构是好的,什么样的单词结构是不好的。或许是的。但是成立一个委员会也会有许多问题和不足。比如,委员会的成员由哪些人组成?他们将如何做出决定?他们能够跟上新词产生的步子吗?委员会的成员们将如何把他们的决定传播出去?也许最有意思的一个问题是:为什么大家都要听他们的呢?

事实上,法国还真的有这么一个委员会来决定什么是"好的"法语,那就是法兰西学术院(Académie francaise),它由40名成员组成。许许多多的单词(虽然不是英语单词)都出自这个主管部门。你可能会把这个主管部门中的这40名专家称为"惊天战神"(*les immortels*)(是的,就是这个意思),他们居然自以为能够决定什么是好的法语,什么是不好的法语。事实上,他们当然不能。法国人经常把周六和周日称为"*le weekend*"(周末),然而法兰西学术院的这些"惊天战神"却非常不喜欢法国人使用"weekend"这个"原装进口"的美国单词,于是他们想尽一切办法,但是也无法使全部法国人都使用官方决定的那个"好的"法语单词"*fin de se-*

maine"（周末）。

至于英语，并没有什么委员会，也从来没有什么人来负责决定什么是好的英语。但英语并不是随机演变的。大部分有用的单词和语法都被保留了下来，只有很少部分被忽视或忽略了。*Ruthless*（无情的、残忍的）这个单词保留了下来，而 *ruth*（同情）这个单词却被淘汰了。

粗鄙丑陋的单词与美丽的单词一直进行着苦苦的竞争。那么，什么是丑陋的单词呢？"meatspace"（物质世界、实体世界）是用来描述我们所生活的世界的，即有血有肉的世界的一个单词；它的反义词是"cyberspace"（网络空间），即虚拟的世界。但是，在科技世界之外，我还从来没有听到过任何一个人使用"meatspace"这个单词。据我所知，没有人经常使用这个单词，因为它确实是一个粗鄙丑陋的单词，我不认为它会被保留下来。

因为没有人来负责英语这门语言，也因为英语的演化是有机的，而不是可观察到的和机械的，所以英语的演化即使不是无法控制的，也是极难控制的。如果你有意改变英语中的某些东西，然而你却根本不知道应该怎么做，或者你也不知道它是否一定会成功，那么你可能会或许也可能不会成功。

行文到此，我们留下了一个似是而非的结论。没有人专门负责英语这门语言，但是从某种意义上说，我们所有人又都在使用英语。英语的使用者决定了什么是好的、什么是不好的英语，但是由使用者做出决定的这个机制是不受管理的、不可预测的和有点模糊的，同时也并不是随机的。英语虽然并不完美，但是也是有规律可循的。它的文法具有一致性，这能够让我们彼此沟通，并且能够让我们在语言表达上更丰富多彩。

在我们的生活中，有许许多多事情都具有这种性质，即它们是有序的，而且还有几分可预测性。我的办公室的墙上挂着一张20世纪20年代的照片，那是一群经济学家拜访总统卡尔文·柯立芝（Calvin Coolidge）时留下的纪念照：白宫前面站着数百位面容严肃的经济学家。对于一个现代观者来说，有两件事情可能印象最深刻：第一，在那张照片里没有几位女士；第二，所有的男士都戴着一顶帽子。在那个年代，男士不戴帽子去拜访美国总统是一件不可想象的事情。帽子与西装、领带一样，是受人尊敬的制服的一部分。

现在让我们来看看20世纪20年代甚至更晚些时候的世界职业棒球大赛看台上的球迷们的老照片吧。几乎所有的男性都穿着西装、打着领带、戴着帽子，但他们戴的并不是棒球帽，而是那种软呢帽以及周边都有帽檐的各式各样的帽子。他们去看球赛时的打扮跟去教堂、歌剧院和白宫时一样。

但是自那以后，男士们可以不戴帽子去拜访总统，不戴帽子、不系领带去观看世界性的体育赛事的做法被全社会接受了。而在20世纪上半叶之前，出门戴帽子是一条不成文的规定，但到20世纪下半叶之后，"别理会以前的老规矩"成了规矩。是谁定下了这些规矩？是谁改变了男士们的着装要求？很显然，没有任何人。从来没有什么人在负责什么是时尚、什么是可接受的、什么是恰当的着装这些事情。然而，从某个角度来说，我们大家都在做决定。那么，这到底意味着什么？这种过程到底是怎样展开的？

有些人把这种变化归因于时尚领袖，即那些有影响力的名人，说他们改变了我们的时尚风格。例如，关于戴帽子的规矩的变迁，有的人认为不需要戴帽子的新潮流得归功于约翰·F. 肯尼迪（John F. Kennedy）。肯尼迪宣称，他将不戴帽子参加他的就职典礼，结果，数以百万计的美国男性如释重负，从此不用再戴帽子了。但是这个故事是有问题的，那就是，它并不真实。事实上，肯尼迪是戴着一顶丝绸礼帽参加他的就职典礼的，并且身上穿的是晨礼服和条纹长裤。虽然跟以前的那些总统相比，肯尼迪的穿着确实不怎么正式。我猜想，与其他人一样，他是在顺应他那个时代的潮流。确实，名人们的所作所为在一定程度上影响了普通大众的穿着打扮，但是除此之外的单个人的行为对所有人都产生决定性的影响这种事情就从来都不会发生。

因此，如果不是肯尼迪，那么是谁决定了今天男士们的穿着可以比50年或者100年前更加不正式？是谁"杀死了"帽子？又是谁创造了潮流，使得人们能够接受一个不戴帽子参加自己就职典礼的美国总统？

在我们的日常生活当中，有那么多的方方面面看似井然有序，但却都不在任何一个人的控制之下。这种现象包括交通高峰时段到来的可靠度（这种规律性令人悲哀）、橘子的价格、餐馆里吵闹声的分贝、在任何一个超过有五千居民的城市里找到寿司店的可能性等其他数以百万计的类似的事情。与亚当·斯密同时代的苏格兰道德哲学家亚当·弗格森（Adam Ferguson）认为，这是人类行为的结果，而不是人类设计的结果。这些事情是由许多人的共同行为所导致的，但是却没有任何人去计划或设想过它的结果。

斯密、弗格森以及斯密的好朋友大卫·休谟都对这些社会现象非常感兴趣。他们认为有些井然有序的事情，并不是计划的结果，而是在复杂的人际互动交往过程中涌现出来的。这个观点对斯密来说是再自然不过的了，他很少停下来去讨论这些现象的一般意义。斯密曾经提出过"看不见的手"的观点。当然，斯密在说这句话的时候，是想用它来证明，自利的行为对他人也是有益的。这太糟糕了，因为"看不见的手"的原理很好地说明了，有些东西表面上看起来似乎是设计好的，但实际上却是从人类社交过程中被忽视的、看不见的和复杂的网络中涌现出来的。

F. A. 哈耶克（F. A. Hayek）最为世人所知的，也许是他与约翰·梅纳德·凯恩斯（John Maynard Keynes）在商业周期问题以及导致经济运行不畅的原因的分析上的智力较量。他所写下的关于复杂的人际交往中非意图秩序的涌现这一主题的论著却鲜为人知。哈耶克经常使用"自发秩序"这一术语，在这个术语中，"自发"的意思是无计划的。但"自发"还有另外一层完全不同的意思。我更喜欢用"涌现秩序"这个术语来描述那些产生于复杂的个人交往中的社会现象，这些现象是有序的、有逻辑性的，然而它们并不是某个人有意地设计出来的。

当我们说"涌现秩序"的许多实例都是由我们来"决定"的时候，"决定"这个词出现在这种语境中无疑会让人感到困惑。因为"决定"这个词的所有其他用法都涉及决策者在做出决定时带有某种明确意图的过程。但是，当我因为方便而使用"google"这个动词时，对于英语的演变我其实真的不用（也无法）做出任何决定。然而，我也确实在英语语言的演变中起到了那么小小的一点作用，非常小，但是聊胜于无。

当然，这也导致了第二个悖论。我使用英语的方法在宏伟的计划面前是如此微不足道，似乎与决定哪些单词该继续保留下去，哪些单词应该被淘汰毫不相关。我个人的影响是如此之小，以至于几乎接近于零。一个人单独行动没有任何影响。然而，众志成城，积羽沉舟，集大家之力量可以决定胜负。

经济学家米尔顿·弗里德曼（Milton Friedman）曾经谈到，供求关系中一些微不足道的力量聚合到一起，便是不容忽视的。为此，他提出了一个奇怪的悖论：小事件大影响。因此，虽然我对苹果的需求并不会影响到苹果的价格，但是当把所有人的需求加总再加上供应商的决定时，就能够决定苹果的价格了。并不是街边小杂货商们的贪婪，也不是我渴望做一笔好买卖，而是我们大家集体行动的结果。虽然任何一个吃苹果的人都不可能对苹果的价格造成任何重大且显而易见的影响，但是由于他为促进苹果的总需求贡献了自己小小的一份力量，所以当把所有这些吃苹果的人都聚合在一起之后就会产生巨大的影响。

让我们仔细考察一下复杂的人际交往行为吧。我相信，这种复杂的人际交往行为所导致的可预测的和有序的非意图结果对经济学的贡献是非常大的，它能够让我们明白世界是如何运转的。但饶具讽刺意味的是，关于这种现象，斯密最雄辩的描述并没有出现在他的经济学著作《国富论》中，而是出现在他的伦理哲学著作《道德情操论》中；并且在书中他所举的也并不是一个货币现象的例子，而是一个道德现象的例子。

在《道德情操论》中，斯密描述了个人选择如何导致重要的社会后果的过程。他在书中所讲的东西远远比苹果的价格更为重要。他描述了在创建一个道德社会中每个人所扮演的角色。斯密在书中写道，你甚至可以更加大胆地断言，在创造人类文明、建构人类社会过程中，每个人都扮演着各自的角色。我们很幸运，都生活于这个社会当中，尽管这个社会并不十分完美，还存在着巨大的缺陷，但是却远胜野蛮社会许多许多。

我应该对我的妻子好到何种程度？我应该分配多少时间给我的孩子？我应该如何诚实地工作？我应该利用朋友吗？我应该利用陌生人吗？很多时候，我们根据我们自己的朋友圈和熟人圈，对于这些问题做出一个相当不错的判断。我们通常知道什么是正确的、什么是不正确的。我们知道人们心目中的最低标准是什么，我们还知道行事失了分寸之后会带来什么后果。看起来，就好像存在一些社交规则似的（这些规则远比被我们称之为礼仪的那些东西复杂），比如说应该使用哪把叉子，什么时候通过电子邮件表达谢意是会被接受的，等等。

这些规则是从哪里来的？是谁决定了什么行为是正确的，什么行为是错误的？是谁决定了什么时候自私的行为是正确的，什么时候又是不可接受的？是谁决定了在我们的日常生活中，在无数次的人际交往中，我们应该与我们身边的人如何相处？

亚当·斯密的答案是：是我们决定了什么是正确的和不正确的，以及什么是道德的和不道德的。我们决定这些事情（建立在道德和文明的基础上）的方式与我们决定什么是可以接受的英语是一样的。人们日常交往中的所有规范——信任、同情、尊重、蔑视、拒绝、善良、残酷以及行为模式——均来自人们的集体行动，这类似于"决定"使用何种语言是整个社会所有人全都使用的结果来决定的。

斯密认为，全社会每个人都以这种方式行事，共同创造了道德、信任和文明。然而，全社会中的所有人却没有一个人会想到是那样的结果。事实上，他认为，结果是自然而然地产生的。社会中的每个人都扮演着各自的角色，没有人会想到自己的行为会改变世界。然而，无心插柳柳成荫，事实是，世界被大家所改变了。

这怎么可能呢？斯密认为，规范和文化是无数微妙的人际互动的结果。这与那些被认为是良好的英语的演变方式一样，社会文化也是人们在彼此交往过程中创造出来的，从来没有人专门去设计，也没有人专门去监督。但是斯密特别感兴趣的是，是什么决定了一个人是可爱的（一个可敬而正直的人的品质）？或者可爱所要求的那些品质是从哪里来的？是谁决定了什么是光荣的、崇高的和善良的？答案是一个社会的全体成员。人们对这些事情的决定正如决定什么构成了好的英语一样，这些成果是社会所有人一起互动的结果，它们不受任何人控制、决定和操纵。然而，却很少有人会意识到，在创造这些规范和价值观的过程中每个人都起到了各自一定的作用。

那么，每个人是如何发挥作用的呢？每个人通过自己的行动使名词成为动词的过程到底是怎样的一个过程？人们希望自己为人所爱，也希望自己是可爱的。当有人赞同某个人的所作所为时，他就会感到很高兴；当有人不认可他的行为时，他就会感到失望。这种希望为人所爱的渴望（寻求认同、避免不被认可的渴望，寻求荣誉避免耻辱的渴望）不仅通过上帝或大自然深深地嵌入了人们的身体，而且还为人们的世界观所驱使。另外，人的内心还有一种自然倾向，即认同光荣的行为，不赞成不光彩的行为。

这些冲动和倾向是一种反馈回路，它促成人们去创建一个文明的社会，使得人们良好的行为因为得到社会认可而被鼓励，而不良的行为因为不被认可进而被劝阻。这些都是社会中的每一个人及其行为的真正的旁观者共同创造出来的激励机制。人们自身还带着一个内部调节器，即人们心目中的那个"公正的旁观者"，或者说，评判人们自己是可爱的还是不可爱的自我意识。人们心目中这个"公正的旁观者"所激励的内部向导是一个额外的自动调节器：当人们在自己良好的行为的支持下变得可爱时，就会为自己感到骄傲；而当出于自身不良的行为受到他人指责时，就会感到羞耻。斯密说得好：

> 无所不知的造物主这样教导人，要他尊重他的同胞的感觉与批判；要他在他们赞许他的作为时，或多或少地觉得快乐，并且要他在他们非议他的作为时，或多或少地感到痛苦。他使人成为（如果我可以这么说的话）人类直接的审判官；在这方面，就像在其他许多方面那样，他仿照自己的形象创造了（另一个）他，并且指派（这另一个）他在这世界上担任他的代理人，要（这另一个）他监督自己的同胞的行为。而（这另一个）他的同胞也天生被教导，要承认他作为代理人被赋予的这种权威与审判，要在被他责备时，或多或少地感到羞愧和难过，并且要在被他赞美时，或多或少地觉得高兴。

那么，这个系统的运转状况如何？说真的，非常不完美。但是有时候它又比那个通过警察机关来执行的明确的外部惩罚系统要更好。你问问你自己，当你知道你的邻居外出不在家时，你为什么不破门而入呢？当一个比你年轻的人挡了你的道或者惹你生气时，你为什么不痛打他一顿呢？是因为这种行为违法，还是因为这种行为不道德呢？如果有关谋杀是一种罪行的法律被废止了，那么这个世界会变得怎样呢？是的，我们所有人都是动物，在每一个人的内心深处都潜藏着暴力倾向。但是，是什么东西压制了这种暴力潜能呢？是社会的法律制度，还是人们的良心？抑或是人们想成为文明社会一份子的渴望？莫非是因为警察或者人们身边的人认为，一旦你伤害了他人，便会造成不可挽回的后果？还是很简单，只不过因为人本身就有克制暴力的潜能？

多年来，我与四个人一起生活，他们都比我弱小，而且时常惹恼我，让我不得安宁，使我无法做我想做的事情。他们是我的孩子。在美国，体罚仍然是合法的。虽然我小的时候我的父母亲很少打我屁股，但是偶尔我还是会因为品行不端而吃上几个巴掌。我一直以为我会以同样的方法对待我的孩子，有那么几次（比我愿意承认的次数更多），当我想动手打我的孩子时，我的妻子阻止了我，为了表示对她的尊重，也为了维护我的自尊，我从来没有打过我的孩子。我由此感到很高兴。无独有偶，我的大多数朋友也未曾打过他们的孩子。在育儿方面，"不要打孩子"的革命悄无声息地来临了，但是国家对此并没有任何相应的立法。

我无法知道以打孩子的方式来教育孩子到底是一个好主意还是一个坏主意，但是我知道，并非任何一件被社会所接受的事情都是好事情，也并非任何一件被你的同行所不满的事情都是坏事情。在你的社交圈子里，或许克制自己不打孩子被认为不是好父亲或好母亲。但是斯密的观点是，在很大程度上，文明是通过一个分散的系统的反馈而得以维持和延续的，而且这个系统非常类似于当我们的孩子做出错误行为时，"决定"我们如何看待我们对待他们的方式的系统。关于我们付出的和得到回报的社会反馈影响到了我们的行为，同时也影响到了他人对我们的行为作出反应。

在斯密看来，这一切都是上帝的旨意，斯密把上帝称为造物主。斯密认为，上帝已授权给人类，让他们充当评判自己的角色，即在与邻居的交往中，他们或鼓掌，或鄙视，或扬扬眉毛，或撇撇嘴巴，或嘲弄，或尊重，或摇头。每个人都希望自己身边的是好人，而尽量避开坏人。斯密把人类称为"上帝的代理人"，或者还可以用一个更恰当的词来表述，即"代表"。上帝给每个人都指派了任务，让大家互相监督、各司其职。但是，斯密谈到的不仅仅是谋杀或盗窃，他还谈到了在人际交往中，当某个人决定哪些人可以与自己交往、哪些人需要避开时的一些非常微妙的方面。虽然你或许不相信这一切都是上帝的旨意，但是你可能会相信这是社会演化的结果。然而，无论哪种方式，单个人的行为在创造人类文明的过程中都发挥了各自应有的作用。

礼貌、善良、体贴、同情、尊重、正直这些美德是每一个人所愿意接受并赞赏的。对于这类行为虽然还没有相应的法律规定，它们是松散的、模糊的和不确定的，但它们却完全被归入了善行的范畴。从来还没有任何法规对此作强制性的要求，也没有任何法规对不这么做的行为进行惩罚。这些行为是社会成员通过人际交往得到鼓励或者被阻止而形成的。这些行为规范让我们的生活变得美好成为更容易了。一个没有这些行为规范的世界会让人不舒服。

或许有人从来没有静下心来思考过这一切是如何发生的，可能大家都已经习惯于自己生活在一个相当体面和文明的世界中。是的，虽然我们的社会拥有法律制度，立法禁止最严重的犯罪行为，如偷窃和谋杀等。但是，作为人的良知让我们大家各自都走正道并老老实实地做人。更重要的是，人类社会之所以不纵容一些残忍和自私的行为，完全是因为社会行为规范和文明不赞同这些行为，而不是因为某国立法上的规定。如果某个人做出了某些残忍和自私的行为，那么他要冒的风险不仅仅是牢狱之灾或者被罚款，而是被那些他所渴望获得认可的人（他的朋友、家人及同事和熟人）所不满。当然，还有他自己，他渴望自己变得可爱，而不是不可爱。这个让人人都做出文明体面行为的世界并不是由于任何人的意图或劝告创造出来的，而是通过人与人彼此间传递的赞同或不赞同的信息，通过人人给予自己的孩子的告诫而自然出现的。这真是一件奇妙的事情。不仅如此，斯密还为我们指明了进一步维护人类社会文明并使人人生活变得更加美好的方向。

在这一进程中，社会中的每个成员都扮演着两种角色。首先，每个人都努力使自己变得可爱，即使偶尔有不可爱的行为。当某人行为不当时，当他利用他人时，当他表现出残忍倾向时，等等，他就让这个世界少了一些文明行为。其次，鼓励良好的行为，劝阻不端的举止。也就是说，给那些可敬的行为以荣耀，给那些可耻的行为以谴责。日积月累，每个人的这种行为就共同创造了文明社会有关可爱的人的标准。社会成员有了共同的认识并充当彼此的公正的旁观者，那么这就克制了人性中以自我为中心的弱点。

当然，这并不意味着一个人要对他人的行为做出匆忙的判断，然后谴责或冷落他们，或者对自己的朋友或家人所犯的每个错误都进行批评。事情远没有那么简单，我们都是人，都会有缺点。但是通常我们可以分辨出我们周围哪些人是好人、哪些人是坏人。

不过，斯密并不是说我们不应该容忍某些行为，他是说应该有所选择。我们可以决定是否要嘲笑哪些开粗俗玩笑的朋友，或嘲笑某人的某一方面，抑或嘲笑某人的种族或宗教信仰。我们可以决定是否要传播流言蜚语，这种流言蜚语除了显示自己比他人优越之外没有任何用处。我们可以选择自己想结交的朋友，也可以放弃自己不想结交的朋友。

当一个社会的成员以坏人为荣却远离好人时，那么这个社会就会退化。虽然个人的作用极其微小，几乎可以忽略不计，但是所有人的行为聚合到一起，便会起到决定性的作用。任何一个人的任何一个不可爱的行为都将使人类远离文明一点点。随着越来越多的人都迈出这一步，那么原本每个人看似极其微小的、完全可以忽略不计的行为就再也不容忽视了。通过每个人的行为，大家共同参与制定了社会行为的规范和规则，让大家明白什么行为是社会认同的，什么行为是不光彩的。

伊曼努尔·康德（Immanuel Kant）是与斯密差不多同时代的哲学家，他把个人的道德规则看成是定言命令。所谓定言命令是指当某个人试图决定自己要做出某种行为或者当他面对一个道德两难问题时，应该考虑它会带来的影响，以及当每个人都这样做时，世界会变成怎样。

经济学家们喜欢指出，投票决定一切是非理性的。他们告诉你，你的投票只有在出现一个平局并且你的那一票能够打破这个平局时才是有意义的，否则你的投票丝毫不会影响投票结果。当我跟非经济专业的相关人士谈到这一点时，他们通常会给我一个康德式的回应，即如果每个人都采取这种同样的行为并且选择不投票，那么结果又会怎样呢？一个典型的经济学家的回答是什么呢？别担心，没有人会因为你不投票而不投票，你的投票根本就无关紧要。这种回答是正确的。但是它不应该决定你是否投票。

投票的人通常不会做完全基于影响选举结果的成本效益分析。但是，定言命令意味着不投票是不道德的，除非你认为在一个只有少数人参加公职人员选举的社会里民主制度依然可以存续。我的一些朋友并不同意这个观点，他们认为，目前的两党制体系是腐败的，而投票只会鼓励那些流氓恶棍相信选民们真的喜欢目前这种现状。这是一个合理的观点（虽然我并不知道你这样做的话，是怎么让世界变得更美好的。因为你只是发出了一个暗示性的声明，说你发现你的政治选择后果是非常可怕的）。我的观点是，仅仅因为你的投票无关紧要而同意不投票这个观点并不是一个道德问题，而且它也不应该是一个道德问题。我希望我们生活在这样一个世界里，即在这个世界里，人们知道自己小小的行为会对他人的行为产生溢出效应，比如斯密的行为就是如此。

文明的一个重要特征是人与人之间的信任。当你信任与你交往的人的时候，即当你完全不担心你的信任会被某些别有用心的人所利用的时候，那么你的人生将会变得更加美好，因而社会经济生活也会变得更加有活力。但是，信任是如何产生的？它产生于人与人之间的无数次交往过程当中，当我们大家都履行自己的诺言并放弃机会主义行事机会的时候，信任就产生了。

去年夏天，为了庆祝我和我妻子的结婚纪念日，我们夫妇决定在大苏尔附近的加利福尼亚海岸租一间小木屋住一个晚上。一切顺利，只有一个小小的问题，即在我们到达之前，我们没有时间给小木屋的主人开出支票，虽然她已经为我们准备好了房间。她说，请你们不要担心，如果你们到达那天我不在家，我不会把门锁上的，你们把房款放在厨房的桌子上就可以了。你们是付现金吗？她问，那样的话，我的保洁员稍后会把钱收起来的。

我答应了，但是我感到有些不安。小木屋主人的那个提议很不错，但是需要我们相互之间有极大的信任来支持。她相信我会支付房款。但是我有可能入住小木屋之后偷偷溜走。如果真的溜走了，她又能做什么呢？控告我吗？她除了知道我的手机号码之外对我一无所知。另外，当她回家时，她的保洁员可以谎称房屋租客的房租款并没有放在那儿，而我也可以谎称钱已经放那儿了。因此，当小木屋主人抱怨没收到租房款时，我可以说可能是保洁员拿走了，或者声称我离开小木屋时没有锁门，也有可能是别的什么人偷偷溜进了房间拿走了。

我们按约来到了小木屋。我们信任木屋主人，相信不会有铁将军把门，我们也相信小木屋是整洁的。确实如此。小木屋太可爱了。这里除了我们之外没有其他任何人（当然，如果把小木屋的主人养的一匹马也算作一个有灵魂的生灵，那又另当别论了）。第二天，当我们离开时，我把一沓面值为20美元的钞票摆成扇形压在餐桌上的杯子底下。钱有点多，我用手机拍了个照。我不知道自己为什么要这么做，因为这根本证明不了什么，即使我把照片分享出去也无法说明任何东西。我完全可以拍下照片发送给小木屋主人，然后再把钱拿回来。当然我没有这样做。基于信任，小木屋的主人后来拿到了房钱，而我和我的妻子则度过了一个美妙的夜晚，在红杉林中眺望太平洋。

如果没有信任，那么我和我的妻子将会错过如此美好的一天，而小木屋的主人也会损失好几百美元的钱。信任真是一件美好的事情！

下面，再让我们来看看没有信任的生活将会是什么样子的，它会与我在大苏尔的经历恰恰相反。我的一位朋友告诉我，他将去俄罗斯主持一个会议。在会议召开前的一个星期的某天他接到了一个电话，是莫斯科的一家酒店的老板打来的（会议就在莫斯科举行）。这是一个坏消息。我的朋友早就预订好了与他随行的参会人员住的房间，但是酒店老板说只能给他一半的房间，因为有人出了比他更高的价格。当我的朋友说他们双方订有协议时，酒店老板说"你去告我呀！"他当然知道，为这样一件事提起诉讼是不可能的。那时刚好是苏联解体之后不久。在过去的八十多年时间里，俄罗斯一直没有什么经济自由，也没有多少企业家精神。那么，这家酒店老板是一个好的企业家还是一个坏的企业家呢？他找到了一种可以赚到更多钱的方法。但是，以斯密的标准来衡量，他肯定不是一个可爱的人。如果人人都不可爱，那么自由买卖、自由地选择你想要交往的人就都没有那么容易了。当你越依赖于信任而不依赖于法律时，信任系统就越能发挥作用。

那么，人如何使自己可爱呢？在某些文化中，某个人出门之前，别人总不忘吩咐"这世界上每分钟都会诞生一个傻瓜，你所要做的唯一一件事情是，找到这样的人并且利用他"。在另外一些文化中，某个人出门之前，别人提醒他的却是"做一个堂堂正正的人，能赚钱当然好，不过一定要信守诺言，不要乘人之危"。生活在这种社会中的人，往往能够抵御利用他人来获取好处的诱惑，即使在短期利益面前，他们也会信守诺言、履行承诺和合同。生活于这样一个社会中，将会给所有人都带来莫大的益处。但是，建立整个社会的信任却没有那么容易，建立社会可爱文化从来没有捷径可走。我认为，美国的酒店经理一般都会信守合同，即使面对一笔交易价值更大的订单，他们也不会做出像那个俄罗斯酒店老板那样的行为。不过，在 2008 年金融危机爆发之前，我感觉到华尔街的一些基金经理的行为也很不正常，那些向投资者兜售不良资产的交易员和高管显然知道这些资产都是有毒的，而且他们互相吹嘘自己利用不知情的投资者的能力。同样地，很多做抵押贷款的放贷者也争相把钱借给那些根本没还款能力的人。

在这几个行业中，可爱变成了一种负债。为什么会这样呢？大家都知道，当一个人完全信任你的时候，你就有可能去占他的好处。为什么我们抵抗这种诱惑的能力变弱了呢？为什么会出现"赚信任你的人的钱"这样一个极具破坏性的规范呢？在我的脑海中至少浮现了两个答案。第一个是，不可爱的行为可以给你带来回报。当然，成为一个好人自然很好。不过，当做一个好人需要你付出很大代价时，或者当变成一个不怎么好的人突然变得更加有利可图时，你可能就难以抵御这种诱惑了。华尔街的各种金融创新——例如，抵押支持证券——让我们更难成为一个好人。人们并没有变得贪婪，只是我们可以从不诚实中获取收益，于是我们就变得更不诚实了。

第二个答案是，人们总有这种印象（事实证明这种印象是正确的），即政府更愿意救助大型金融机构的债权人，这使得大型金融机构能以更低的成本借得资金。这样一来，这些金融机构的债权人便可以不用他们自己的资金进行投资，而是拿借来的钱去做投资。这些借来的钱事实上是由纳税人支持的，而不是由放款者支持的。很明显，大型金融机构债权人做出轻率行为的成本比过去低多了。以前，巨大的华尔街公司也需要拿自己的钱跟别人合伙投资，但是一旦这些公司上市，不管他们创建了什么样的公司文化，只要开始利用别人的钱进行投资（利用别人的钱进行投资总没有那么谨慎，因为他们认为"山姆大叔"会来弥补他们的损失），公司信任文化就将很快消失。信任文化是非常珍贵的，从某种程度上讲或许也是很脆弱的，摧毁它很容易，但是要想重建，却困难重重。

我曾经与 Adorama 商店打过一次交道，这是位于纽约市的一家非常棒的二手摄影器材店。有一次，我要出售一架旧相机，我事先把所有的东西（包括相机、镜头、袋子、使用手册等）都包装好（包装得几乎与我买来时一模一样，所有的东西都按原样装进了原包装盒中），然后来到了这家商店。我之前已经在电话里与 Adorama 商店的店员谈妥了一个很不错的价格，后来当我把东西送到商店时，这位店员并没有利用我已经来到商店这一事实来压我的价（如果我再去寻找另一个买家，那么就要花费我更多的时间和精力），而是按我们电话里谈好的价格与我完成了这笔交易。

这位店员在确信相机没问题之后便准备付钱给我。接下来在进行包装的时候，我把一对镜头装进了一个更小的盒子里，然后把它与其他东西一起放进了一个大盒子里，而这位店员并没有打开小盒子去检查镜头是否真的在里面。或许我只是放了一个小空盒子在大盒子里呢？但是他完全信任我，我不知道为什么。这种事情在纽约这个"奸商云集"的地方随处可见。

"你不打算检查一下看看镜头是否在里面吗?"我问道。

"不用,我相信你。"他说。

"为什么?"我问。

"因为如果你没有把镜头放进去,今天晚上你会睡不好觉的。"他回答得非常自信。

他说对了。但为什么他会认为镜头一定在盒子里,倒是让人有点困惑。不管是出于什么原因,如果我们生活在这样一个世界当中,在那里人们不需要花费金钱、费更多心力去验证人与人之间的信任程度,那么我们就会觉得生活轻松和容易多了。

俗话说,善有善报。但是斯密的意思是,善良得到的善报会远远超出我们的想象。成为一个值得信任的人、一个诚实的人、一个可靠的朋友、一个值得信任的父亲或母亲、一个善良的孩子,它的好处不只是能够让你与周围的人相处愉快,也不只是让你能够获得一个好名声而受到别人尊敬,而是能够维护信任文化,并有助于将信任文化拓展到你自己圈子之外的更大的范围中去。你是这个规范体系和非正式规则体系的一部分,而且这个体系比你自己原本的那个体系更大。当你行为表现得有道德时,这就等于是你在帮助维护这个体系。当你谈到在互联网上进行搜索时,每次有人听到你说一句"google 一下"的时候,实际你都是在加强传播"google"品牌意义之外的另外一个层面的意义。每次你在回报别人对你的信任时,或者为信任多做出一点努力时,你实际上都是在鼓励别人也为信任多做出努力。

当你对他人值得尊敬的行为表示赞赏时,你实际上是在嘉奖那些值得尊敬的人。拒绝传播那些让人津津乐道的流言蜚语,你实际上是在与不道德的行为作斗争,为规范社会良好行为做贡献。当别人开些带有侮辱性的玩笑时,请不要笑,即使这个玩笑显得妙不可言,也请你顾及他人的痛苦,拒绝加入他们并和他们一起侮辱那个痛苦的人。成为一个好人不仅仅是对你自己及身边的人有好处,而且它还能够鼓励他人成为好人。

有时候，人们很容易忘记定言命令，使自己沉迷于攻击他人的行为中。实际上，为自己的这种行为找一个推脱的理由是很容易的，比如说，作为一个人来说你是那么的微不足道，不能每时每刻都做对每一件事情又有什么关系呢？假如服务员少收了你的钱，如果就这一次你对此事一声不吭，那么是不是对你真的影响很大？当然不是。但是，如果你的一生都是以这种态度对待生活的，那么你便降低了自己的人格，你便成了规范和可爱文化的拦路虎。当然，成为规范和可爱文化的支持者显然会更好。

当今世界很容易使人们悲观地看世界，人们很容易说服自己，认为这是一个物欲横流、嘈杂不堪、糟糕无比的世界。一些人甚至排斥个人善行，认为自己或他人做一点好事又能改变什么呢？甚至你可能会说，管它呢，让一切都见鬼去吧，我再也不想去做善事了，我不想再顾及他人的感受，我只想做自我感觉良好的事情。有时候，当我在网上看到一些充满恶意的网友因为曲解他人的意思而羞辱他人甚至还因此而洋洋得意的时候，我会有一种以牙还牙的冲动，特别是当这些网友把攻击的目标对准我的时候。说真的，有时候我想，就算让这种行为不再发生，这个世界又会有什么不同呢？为什么不放纵一下自己，让自己稍稍沉迷于这种事情，尤其是当自己还可以匿名做到这一点的时候？设法冷静而谦恭地去解释又有什么意义呢？第一个答案是，对于那些粗鲁的人以及侵蚀你灵魂的人来说，你的善行具有重大的阻止作用，因此意义不凡。不过，更重要的是，正如斯密所说，对你和对他人来说，每一个充满恶意的评论都会远离可爱一小步。如果我们每个人都迈出那么一小步，那么我们大家便会离可爱非常远。

有许多方法可以让世界变得更加美好。我们通常想到的是，成为一个能够获得诺贝尔和平奖的机构的创始人，或者担任一个政治要职。然而，斯密提醒我们，我们每个人迈出的小小的一步也很重要。我们不要去搞那些华而不实的动作，不要去哗众取宠，做自己力所能及的工作，比如，与他人一起踏踏实实地为创建一个信任、善良和充满尊重的社会文化做出自己小小的贡献，如此，世界便会极大地不同。

在《米德尔马契》（*Middlemarch*）一书中，乔治·艾略特（George Eliot）总结了书中人物多萝西娅（Dorothea）的一生。多萝西娅并不是什么名人，她一生默默无闻，偏安一隅。但是艾略特说，并非只有名人才能过着改变世界的生活。

> 她完整的性格，正如那条被居鲁士堵住的大河，它被分成了许多条河道，从此不再河流如涌。但是她对她周围人的影响，依然不绝如缕、未可等闲视之，因为世上善因的增加，一部分也有赖于那些微不足道的行为，而你我的遭遇之所以不致如此悲惨，一半也得益于那些不求闻达、忠诚地度过一生然后安息在无人凭吊的坟墓中的人。①

如果你想让世界变得更美好，那么就努力成为一个值得信任的人吧，去赞赏和敬重那些值得信任的人吧。成为一个良师益友，让你的身边都充满着值得信任的人。不要传播流言蜚语。拒绝开那种会伤害他人的玩笑，即便这个玩笑有多妙不可言。当你的朋友说一个带有侮辱性的、嘲笑某人的笑话时，请你不要发笑。成为一个好人不仅对你自己、对你身边的人有好处，而且还能帮助他人成为好人。树立一个良好的榜样，因为你的可爱，你不仅会被人所爱，而且还会影响整个世界。

我喜欢犹太法典《塔木德》中所述的立场改变世界的态度："单靠你，不可能做成这项事业，但是你不能退缩。"单凭你的个人力量，你当然无法使整个世界发生重大改变，但是你可以贡献自己的一份力量。这对你大有好处。如果所有人都这么做，那么世界就会发生翻天覆地的变化。

---

① 这一段译文，基本上源于项星耀译、人民文学出版社于1987年出版的《米德尔马契：外省生活研究》，本书译者仅做了个别字词的调整，在此谨表谢意。——译者注

第9章　如何不做什么，使世界变得更美好

斯密认为支撑人类文明的是，人们对他人的行为做出反应时形成的认同与不认同之洪流。人们对自己身边人的行为的认同与不认同的态度创建了一个反馈回路，这个回路将会起到鼓励良好行为、劝阻不良行为的作用。人们的赞美和蔑视（在恰当的时候表现出来）对美德是一种鼓励。当人们善良、诚实和值得信任时，当人们尊敬那些善良、诚实和值得信任的人时，这就相当于为社会创造了一个公正的旁观者，同时也造就了一股通向可爱的潮流。

人们做出的每一个行为都会影响到自己身边的人。良好的行为具有传递和扩散效应，它影响到善行者周围的人，而他周围的人又去影响他们周围的人，这样，这个影响的圈子便会不断地扩大。这就好比某个女孩在海水退潮时在海滩上寻找搁浅的海星并把它们掷回海里一样。看到搁浅在海滩上的成千上万只海星，某个路人告诉女孩，你的任务太过艰巨，潮起潮落周而复始，你根本无法完成。她有可能改变世界吗？"我仅能改变那只海星的命运。"当她把手里的一只海星扔回到海里时回答道。人们每做一件善事都会收到立竿见影的效果，这个效果体现在公正的旁观者的连锁反应，以及通过他人对善行者行为和善行者对他人行为的认同或不认同的反应所自然生成的规范上，它们会对整个世界产生重大影响。

但是，这是一个非常不完善的系统，奖赏和惩罚均只局限于人们的心理方面。人们并不总能时时刻刻提供支撑这个系统的反馈。人们有时候会

因为自己的行为，因为自己不愿意或者没有能力来判断他人的行为而使这个系统无法工作。人们会在自己根本不可爱时却自欺欺人地认为自己是可爱的。

人难道不能做得比这更好吗？人类有许多缺陷，然而却并不自知，也不了解自己。人会不断地犯错误，并且还明知故犯地做出许多恶行。一些人不但残忍、欺凌弱者，而且还利用他人的无知来获利。幸运的是，大多数人知道如何改进这一切，即只需劝阻不良行为、鼓励良好的行为就可以。不过，不要仅仅限于一次捡起一只海星，仅仅限于时不时地在这儿或那儿做一件好事，仅仅限于赞赏自己身边那些可爱的人。你既然愿意捡石子，那么使用铲子岂不是更好？或者，干脆使用挖土机，怎么样？为什么不利用政府的力量让事情变得更加美好呢？我们不能满足于自己已有的小小成就，而是目标要更加远大一些。

斯密虽然倡导自由市场和普遍经济自由，但他并不是一个无政府主义或教条主义的自由论者。他很清楚，政府在建立被现代经济学家称为市场的过程中扮演着一个非常重要的角色。他认为，参与物物交换是人类的自发行为，在《国富论》中，他把这种行为称为"以物易物，物物交换"。斯密是一个古典自由主义者，而且是一个最原始意义上的自由主义者，即他是一个珍爱自由、主张有限政府的人。他看到了政府在提供国防、司法体系、公共基础设施建设诸如道路和桥梁等方面所起到的重要作用，因此，他认为，在那些领域，如果没有政府的帮助，私营部门将很难完成。

在《国富论》中，斯密虽偶尔也会提到在这些领域之外进行政府干预的好处，但他还是一贯反对政府的某些干预活动，其中之一就是现在人们所称的"产业政策"，即政府补贴或资助某个具体行业的行为。斯密警告说，由政府领导人来帮助人们找到自己所需的技能和资本的行为是极其危险的，人们要时刻提防这种危险。如果有政府领导人这么做了，那就意味着这些政府领导人的狂妄无知。事实上，政府领导人永远不可能拥有足够的知识和智慧为人们找到其所需要的技能和资金并对整个社会有益。

斯密非常鄙视那种在《道德情操论》中被他称为"热衷于主义或理论体系的人"，这样的领导人会根据一些总体规划或愿景去制定改造社会的计划。他警告说，这样的领导人会沉迷于他们自己对理想社会的憧憬当中，根本没有能力去思考和面对与他自己所想象的那个完美世界有偏差的社会现实。他们根本看不到那些被他们的愿景或被他们的行为所伤害的人。这些热衷于主义或理论体系的空想家们，完全沉浸于自己的世界当中，忘记了其实还存在着某些反对并干扰他计划实施以及扰乱社会自然秩序的力量，结果必定会产生意料之外的后果。

斯密说，这些热衷于主义或理论体系的人认为，他们能够轻易地把人们动员起来，犹如在棋盘上移动一枚棋子那么简单。问题在于，他们忽视了对弈的规则。他们以为他们可以随意摆弄棋子并把棋子放到他们认为合适的位置上，然而却忽略了对弈规则所决定的"自然运动"结果。斯密说：

> 他似乎以为，他能够像用他下棋的手安排棋盘上的每颗棋子那样轻而易举地安排一个大社会里的各个成员。他没想到，棋盘上的那些棋子，除了下棋的手强迫它们接受那个移动规则之外没有别的移动规则。但是，在人类社会这个巨大的棋盘上，每一颗棋子都有它自己的移动规则，完全不同于立法机构或许会选择强迫它接受的那个规则。如果这两个规则的运动方向刚好一致，那么人类社会这盘棋将会进行得既顺畅又和谐，并且很可能会是一盘快乐与成功的棋。但是，如果这两个规则的运动方向恰好相反或不同，那么人类社会这盘棋将会进行得很凄惨，而且也就必定时时刻刻处于极度混乱之中。

把那些常常声称能够改变人类命运的改造社会者称为热衷于主义或理论体系的人再合适不过了，比如说波尔布特（Pol Pot）、斯大林（Stalin）

和其他一些人。在这些人的心里都有一个梦想般的系统，他们想象他们可以自上而下地影响这个系统。然而，其导致的结果正如斯密所说的，是极度的混乱和灾难。在每一个这样的社会中，都有数以百万计的人死去，他们或死于饥荒，或死于被谋杀（有些是因为真心地反对这些领导人所规划的完美愿景，有些则是被按上了"莫须有"的罪名而被杀害）。

斯密还指出，极权主义者的恶行还远不止于此。他给那些支持独裁者的政治家们提出了一个根本性的警告：当你试图在一个复杂的世界里用立法来规定人们行为的时候，请一定记住，人天生都是有欲望和梦想的，立法不但可能无法实现立法者的意图，而且还很可能导致不可预见的后果。人们喜欢做那些令人自己感到愉悦的事情，从小就是如此。小孩子们希望世界按照他们的方式运行，他们想象不出还有另外一个世界。如果立法者以这种思维违背人类的这些自然冲动，试图把自己的意志强加于社会的"棋子"之上，而不是去尊重它，那么将不但无望成功，甚至还有可能导致社会的"极度的混乱"。

许多国家世界性政策的失败都雷同于这个"棋盘"谬论，其悲剧性的结果都是因为掌权者试图去改善或操纵那些根本不愿意被改善和操作的人而导致的。美国对伊拉克的政治失败就是一个很好的例子。美国试图把自己的愿景强加给伊拉克，而伊拉克民众却并不买账。美国的军事和外交政策是一个复杂的系统，在这个系统中，决策者的动机五花八门，有无私的，也有自私的。在伊拉克这个例子中，美国的决策者为伊拉克制定的愿景——那种特定类型的和平民主——是不切实际的。

或者考虑一下我们对毒品的战争吧。美国政府试图减少毒品的供应和使用。我曾经遇到过一些仁慈的、颇具同情心的热心人，他们视毒品为洪水猛兽。当然，有些吸毒者由于无法控制自己的欲望而毁了自己和家人。

不过，尽管那些仁慈的、颇具同情心的热心人视毒品为洪水猛兽，尽管毒品也确实给人们带来了诸多伤害，但是美国政府对毒品的战争还是失败了。之所以失败，是因为太多的棋子有它们自己的运行规则，说得直白点，就是太多人喜欢吸食毒品了，而又有太多的人希望能够从中获利了，毒品交易意味着巨大利益。人类有以物易物、物物交换的自然天性，因此有些人很难控制住自己不去从毒品交易中获利；只要有人想吸毒，只要有人想从提供毒品中获利，那么毒品的交易便一定会发生。你可以设法阻止他们，但是这就像是挤气球，你在这儿把它挤扁，在那儿却胀鼓起来。

一些以道德说教为武器的反毒品运动已经完全失败了。吸食毒品的人并没有消失，毒品的供应也并没有减少。政府的毒品政策不仅未能阻止一些人去碰这种能够改变人的心智的东西，而且还给那些毒品吸食和交易频繁的地方制造了极度的混乱，导致无数的暴力和死亡，但却又为那些甘愿冒被逮捕和起诉风险的卖家创造了高额利润。那些卖家为了获得高额利润不惜诉诸武器和暴力，导致不仅仅毒品贩子本身，甚至许多无辜者也死于非命。

一方面，毒贩子之间的暴力活动持续升温。墨西哥和哥伦比亚的贩毒集团之间的竞争甚至演变成了一场战争。另一方面，当美国政府对其他外国政府提出禁毒要求时，同时也带来了一系列"并发症"，这个"并发症"缘于毒品供求屡禁不止，因而它也将持续存在。尽管政府想尽各种办法禁毒，而毒品的价格也出奇地昂贵，但是吸毒者还是能够轻而易举地找到毒品。

毒品给人带来的危害远不止这些，毒品交易的巨大利益诱惑不但致使腐败渗透进了警察部门，一些警察和官员都被利益所腐蚀，而且还带来了暴力执法问题。一些警察在搜寻毒品和缉拿毒贩的过程中，变得更加激进、更加暴力。虽然警察也会出错，这是不可避免的，但很多时候，反恐特警组（SWAT）会莫名其妙地出现在某个无辜的公民的家门口，致使他们一家人受到惊吓并陷入恐慌当中。

尽管如此，但是出于种种原因，美国仍然坚持与毒品作战。警察也喜欢毒品战争，因为法律规定他们罚没毒贩子财产，增加预算。制酒行业也喜欢毒品战争，因为这会抬高毒品价格，会使酒精成为一种更具吸引力的替代品。当然，根本的原因是，人们认为吸毒是一个非常糟糕的行为，所以继续支持美国政府与毒品作战，这也是毒品战争之所以能够坚持下来的原因之一。

普通民众很难接受让毒品合法化的情况，他们反对自己的孩子和其他人吸食毒品。他们也很难知道，其实改变世界的方法除了立法之外还有很多种。他们忽略了这种可能性，即很可能"棋子"的"自然运动"才是阻止一些人特别不良嗜好的最佳方法。

亚当·斯密提醒我们，在许多情况下，如果想影响社会这个大棋盘，其他方法可能更加有效。一个例子是，在美国，很多人都热切盼望着能够全面禁止吸烟，但政府几乎所有的尝试都失败了。然而，20世纪后半叶以来，出现了一个有趣的变化，那就是，吸烟合法化了，但美国的人均烟草消费量却比以前整整下降了50%。对此，有人或许会批评说，我们可以而且也应该立即把烟草消费的费用削减为零。但这实际只是一个幻想，它忽略了棋盘和棋子的"自然运动"规则。吸烟合法化为其他禁烟方法打开了一条新路径。有些地方立法规定禁止吸烟，比如说禁止在餐馆吸烟或者对吸烟者征税，但是大多数自主禁烟都是具有文化性质的，即是从社会底层开始的。现在，吸烟早就不再像20世纪上半叶那样，被人们认为是一个"很酷"或"很时尚"的行为了。随着越来越多医学知识的传播和吸烟者自身身体的不良反应，致使如今的社会文化规范认为，吸烟是一种对人的身体极具危害的恶习。

有人或许会说，如果在这个社会文化规范之上再加上立法规定禁止吸烟，那么岂不是更好？或许是吧！但是斯密的观点是，世界是非常复杂的，各种力量会与法律体系一起以一种未知的、不可预测的、复杂的方式共同作用于整个世界。因此，有时候，对政策制定者来说，让世界变得更美好的最佳办法就是，放任自由，不去管它。

这个道理同样适用于父母对自己的子女的管教上。一般而言，做父母的很难做到对自己的孩子放任不管。我们围着孩子们团团转，不断地敲打他们，试图把他引导到我们认为对他们成长有利的方向上去。有时我们会想到我们自己曾经犯下的错误，因此尽量想让自己的孩子不要犯与我们当年同样的错误，即使这些错误成就了现在的我们。我们是否试图把我们的孩子引向那条我们曾经错失而让我们后悔的道路上去？

在所有人的内心深处，都存在着两个相互纠缠、相互矛盾的冲动。是的，所有人都希望不受约束地做自己想做的事。是的，所有的为人父母者都明白，这种愿望是每一个人从小就有的。然而，我们总喜欢对自己的孩子指手画脚，你该如何如何。当我们试图把自己的意愿强加给孩子们时，我们有时候会忘记第一原则。因此，我们强迫我们的孩子去上钢琴课，因为我们从心底里想自己当年要是有更多的时间去学习演奏器乐就好了。有时候，我们的孩子可能会因此而爱上钢琴，但是更多的时候，这只会让他们不喜欢钢琴甚至憎恨上钢琴课，因此，一旦离开教室，他们就再也不会去碰钢琴了。

《伊索寓言》中有一则寓言，说的是太阳和风争论谁更强大的事情。因为两者高下难分，因此它们决定通过一个正在路上行走的男子来解决它们这个问题：谁能够让这个男人脱掉他的大衣，谁就强。于是，风使劲地吹，越吹越猛，但是这个男人却紧紧地抓住大衣，越抓越紧，风怎么吹也无法把他的大衣吹掉。之后，太阳出来了，这个男子感觉到了太阳的温暖，于是欣然脱掉了他的大衣。大风不仅毫无用处，而且事实上还导致了适得其反的效果。确实，稍显悖谬的一个事实是，在很多时候，放任自由可能反而比试图强加的效果更好。

强迫我们的孩子（或我们的同胞）去做一些你认为值得做的事，有时不仅会失败，而且还有可能导致比原来更糟糕的结果。这些"棋子"根本不愿意被人摆布。我们不断地对我们的孩子们进行说教，告诉他们香烟如何如何有害，这有可能导致我们的孩子为了反抗我们而最终学会抽烟。世界无比复杂，当你试图把你的意愿强加给某个系统时，并非你按下按钮就能收到你所想象的或者你所渴望的结果。

每颗"棋子"都是独立的，它们有自己的路径，其他人并不一定能够完全理解。因此，这也提醒我们，并非所有的立法都能取得成功，都能实现立法者原本所想要达到或原本声称能够达到的效果，也并非所有的立法都会被遵守、所有的立法都能够被强制执行。事实是，立法获得通过并不意味着问题就能解决，相反，有时候它倒会使问题变得更糟糕，甚至它所带来的一些副作用会为某些特殊利益集团所利用。

斯密对热衷于主义或理论体系的人提出的忠告直接瞄准了那些认为可以把自己的愿景强加到其他人身上去的人。这种类型的领导人和政治家与其他人一样很容易自欺欺人。斯密指出，一些政界领袖往往在开始竞选的时候为了获得民众支持而宣布将进行某些方面的改革，为了兑现诺言，到了最终获得竞选成功，尽管改革计划不切实际，但他们还是会说服自己执行。

> 至于那些领袖们，虽然他们起初可能除了自我夸大之外没有别的意思，但当他们当中的一些人终于成为自己诡辩的受骗者时，就会变得和他们的追随者当中那些最软弱、最愚蠢的人一样，醉心于渴望实现这项伟大的改革。

斯密的警告也直指我们所有人，直指那些想要让世界变得更加美好的人。他说，世界是极其复杂的，乌托邦是危险的。有时候，我们在日常生活中所做的微小的事情，其影响力完全可能超出我们参与或支持的某些宏大的政治运动。

在网络系列漫画《XKCD》中，有一幅漫画的内容是，一个男人坐在电脑前面，画面之外的某个人对他说：

"你想上床睡觉了吗？"

"还不想，我还有很重要的事情要做。"

"什么事情？"

"网上有人错了。"

我们总是忍不住会想：在公共领域发生的每一件事情都是重要的；政府的政策可以让世界变得更美好，我们可以通过制定或支持好的政策来实现我们的愿望；那些发生在博客、Twitter 和 Facebook 上的战争（即我们在网络上与我们认为观点有错的那些人之间的争辩）可能真的很重要。

斯密提醒我们，政治并不是生活。虽然立法和政府行为以各种各样的方式影响着我们的生活，有好的，有坏的，但是在政治之外，我们还有很多事情可以关注。你想让世界变得更美好吗？那么去与你的孩子们好好交流吧。不要总是忍不住每隔几分钟就去查看一下自己的电子邮件，去和你的爱人约会吧。请多阅读一些亚当·斯密、简·奥斯汀（Jane Austen）、P. G. 伍德豪斯（P. G. Wodehouse）的著作，而少看点《每日科斯》（*Daily Kos*）和《德拉吉报道》（*Drudge Report*）吧。请微笑着对待你所不认识甚至你不喜欢的人。请善待你的父母，因为你永远也无法报答他们为你所付出的一切。所有这一切都很必要，但是一丁点儿也不会在国内生产总值（GDP）中体现出来。这些行为无法帮助你支付账单，它们通常也不会出现在我们待办事项的清单上，因此我们无法因为办妥了它们而获得满足感。如果上面所说的这类事情我们什么也不做，时光照样会流逝，我们的生活也不会受到什么影响，但是我认为它们是构成美好生活的内容。

斯密通过警告我们热衷于主义和理论体系的人是危险的，实际也是在提醒我们要警惕权力的傲慢。我们以为我们可以随心所欲地移动"棋子"，我们以为我们知道什么对"棋子"是最好的。斯密说，即便我们是正确的，即便我们认为我们知道什么是对他人最好的，但是在许多时候我们最好的做法还是放任不管，因为我们的努力不仅很可能会失败或达不到想要的结果，而且在很多情况下，很可能会适得其反，弊大于利。有时候对我们来说最好的或许是，离开社会这个大棋盘去下一盘更小的、更好的棋。

第10章 如何在现代世界中生活

炉火差不多燃尽了，仅剩余烬。曾经不止一次被加满苏格兰威士忌的杯子也空了。是什么时候了，真有点说不准。但是我知道我已经在这里待了好一会儿了。现在我比以前更了解这所房子的主人了。他充满魅力，这部分是因为他那古雅的谈吐方式和他那令人愉悦的口音。当然，他的魅力远不止于此。他长时间地深入思考，对事物寻根问源，他理解他要告诉人们的东西，也知道应该如何说才能入木三分、让人铭记在心。对于这一点我永远不会忘记。

对于这个伟大的人，我还有一个问题要问，但是我觉得他有点累了，而我也有点累了。我应该告辞了。酒已残，夜已深。我把杯子放在了紧挨我坐的椅子旁边的小桌子上，感谢主人留出时间为我解惑。

这最后一个问题是什么呢？这是无数斯密的追随者和批评者都想知道的。在资本主义发展的伟大历程中，斯密是如何帮助资本主义建立秩序的？他明白自利的力量，他为自由放任主义提供了知识基础，并写出了《国民财富的性质和原因的研究》（即《国富论》，英文全称 An Inquiry into the Nature and Causes of the Wealth of Nations）一书。这是一本关于财富、物质和生活水平的书。但在此之前，他又怎么会写出《道德情操论》这样的书呢？在《国富论》中，他几乎完全没有提到利他主义、善良、同情、宁静、可爱等内容。怎么会这样呢？他在撰写《国富论》之前就已经出版了《道德情操论》，而在《国富论》出版之后，他又重新修订了《道德情操论》。我的意思是，当他在撰写他的另一本伟大著作的时候，难道在他脑海中没有冒出另外一些想法吗？

在《道德情操论》中，几乎完全看不到为商业生活辩护的内容。正如我们在本书前面就已经看到的，斯密蔑视谋取自身利益的物质上的野心。但是，尽管物质上的野心有可能会腐蚀甚至摧毁人的灵魂，但是斯密在《道德情操论》中确实承认，它也会给人带来极大的好处，即野心能够驱使人们去奋斗、创新、改进、积累与生产。在斯密看来，虽然我们夸大了财富积累为我们的幸福生活带来的好处，但是野心的作用却绝对不容忽视：它推动了农业的产生与发展，促使人类建造城市，引领人们去探索艺术和科学的伟大真理，美化人的生活。

斯密观察到，大地主在调查自己土地上产出的时候，幻想自己能够把土地的产出全部都消费掉。用斯密的话来说，这是典型的"眼睛大过肚子"（"the eye is larger than the belly"）。当初他扩大他的产业、耕作他的土地时，他仅仅是想填饱自己的肚子而已，欲望非常有限。但后来，他通过雇人帮他耕作、修补巨大的房子、照料花园、维修马车，把他大量的剩余产品分享出去，使数十个人过上了体面的生活。

以下是斯密对具有巨大野心的富人给其他人带来真正好处的总结：

> 他们被一只看不见的手引导着做出的那种生活必需品分配，和这世间的土地平均分配给所有居民时会有的那种生活必需品分配，几乎没有什么两样。他们就这样，在没有打算要有这效果、也不知道有这效果的情况下，增进了社会的利益，提供了人类繁衍所需的资源。当上帝把这世间的土地分给少数几个权贵地主时，他既没有忘记也没有遗弃那些似乎在分配土地时被忽略的人。最后这些人，在所有土地的产出中，也享受到了他们所需的那一份。就真正的人生幸福所赖以构成的那些要素而言，他们无论在哪一方面，都不会比身份地位似乎远高于他们的那些人差。

在身体自在和心情平静方面，所有不同阶层的人民几乎是同一水平、难分轩轾的，就连一个在马路边享受日光浴的乞丐，也拥有了国王们为之奋战不懈的那种安全感。

这是斯密在《道德情操论》中唯一一次使用"看不见的手"这个比喻。在《国富论》中他也只用过一次。在这两个语境中，这个比喻都表达了同一层意思，即自利会给他人带来好处。对此，今天我们也很难给出更好的解释。不过，当我们站在21世纪回望18世纪时，可能很难接受斯密的如下观点：在路边享受日光浴的乞丐的生活质量与富人和有权有势的人的生活质量相差无几。

暂且抛开这一点不论，我的观点是，在《道德情操论》中，斯密所举的用来为物质繁荣和商业生活辩护的绝妙例子非常少。他说，人巨大的动力和野心潜藏于人自己的内心深处，它们很少主动会"跳"出来为人服务，但是它们又最终导致人离开野蛮人的洞穴，走进文明社会的阳光底下。虽然这是一种相当隐晦的恭维。

那么，斯密到底在想什么呢？斯密是如何想到要写这两本观点看上去似乎截然不同的书？我认为，斯密主要是想让人们通过这两本书去了解他，同时也认识人们自己。关于如何才能更好地生活在现代世界里，斯密在这两本著作中给予了我们许多有益的指导。

在爱因斯坦发现相对论之前，在罗丹（Rodin）雕刻《加莱义民》（The Burghers of Calais）群像之前，在埃菲尔铁塔和克莱斯勒大厦建成之前，在特洛伊的布鲁特斯缔造伦敦之前，在人类第一次意识到自己可以种植种子并等待它慢慢生长之前，在潜藏于人内心深处的野心驱动人类社会发生所有这一切改变之前，人似乎一直过着小部落小团体的狩猎采集生活。在那个时候，生存下去就是人类最大的希望，但是这并不容易。生命是如此脆弱，死神随时都会到来。

在这样一个世界里，人如何与自己周围的人相处决定了自己的生与死。没有保险公司来为你的矛作保。如果你在狩猎中摔断了腿，也没有政府会为你提供残疾救济金。人与人之间必须尽最大的努力相互扶持，因此信任是必不可少的。如果你不把自己的东西拿出来与他人分享，如果你不帮助他人，如果你不做好自己分内的事，那么必定会受到无情而屈辱的惩罚。对于这样的人，首先是羞辱他并愤怒地指责他，如果他依然屡教不改，那么部落最终会将他驱逐和流放。每一个小家庭、每一个大家庭甚至每一个群体和部落，都互相分享自己所拥有的必需品。

原始社会的社交圈子非常狭小，那时的人每天一遍又一遍地接触到的都是些同样的人。这样一种不断重复的交互作用使得人们很容易就可以去惩罚那些残忍、自私的人，而去奖励那些会提供帮助的人。当然这种社会并不是让·雅各·卢梭（Jean-Jacques Rousseau）笔下的世外桃源。稀缺性是物质存在的本质，原始社会常常没有足够多的物品可供分配。为了能够获得更多的可用物品，原始人必定从某一时刻开始与他人进行交换，无论这种交换是发生在家庭内部，还是发生在与邻近的群体和部落之间。这让他们的交际圈子扩大了那么一点点，但是并没有很大。最终，他们不得不信任那些与自己接触距离最近的人，而疏远那些与自己接触距离较远的人。人与人之间必须这样才能生存。生与死之间只有一线之隔，几乎没有给人犯错留有任何余地。如果你要瞒着你最亲近的人暗暗藏下一点东西，那么你就得确保你所做的一切不被发现，也不会被别人拿走。你与周围人的关系便是你的一切，几乎没有比这更重要的事了。

现代生活却与之截然不同。正如亚当·斯密在《国富论》中所指出的那样，专业化既是繁荣的原因，也是繁荣的结果，它创造了现代经济生活，使人类活动不再局限于维持生计了。从富裕的现代标准来看，生活于原始社会的部落群体中的人，无论多么有才华，无论技能多么娴熟，无论多么强壮、多么聪明，都是不可能长时间地维持生活的富足状态的。

假设你被困在了一座孤岛上，虽然这座岛上有着丰富的矿产和其他自然资源，还有成群结队的温顺的动物，而且土壤肥沃，气候温和宜人，地形地势条件优越，并且在岛上纵横交错的河流中，鱼儿在水中嬉戏，景色十分优美。再假设，你不用单独一个人待在这座岛上，你可以挑选99个人跟你一起生活，他们任你选，你可以选择擅长捕鱼的人，也可以选择精于建造的人，他们都适于生存。这些人懂得如何发电、如何提炼金属，还掌握了其他许许多多现代人的生活技能。他们将会给这座岛屿带来知识、技能和智慧。他们还会随身携带大量书籍和笔记本，这些资料详细记载了关于现代制造业和农业等各个方面的知识。

那么，来到这座岛之后，这100个聪明能干、技术精湛、才华横溢、足智多谋的人要花多少时间才能共创海岛繁荣呢？十年够吗？肯定不够。一个世纪？一千年？也不够。但是，如果人口增加了，市场出现了，情况就将完全不同。市场会把那些有知识、有技能的人组织起来，让他们高效地工作。这样，这个我们想象中的岛屿可能会繁荣昌盛。为什么人口规模如此重要？就单个人而言，一年充其量也只能生产出20支铅笔。但是，如果有分工的深化、合作的扩展和生产工艺的精细化，20个人一年就可以至少生产出数千支铅笔。之后如果技术得到提升，他们一年甚至可能生产出几十万支铅笔。由于每个人只专门从事生产流程中的一小部分工作，因而生产效率得以成倍的提高，专业化分工释放出了惊人的生产力。每个人均可以从事生产工艺流程中自己最擅长的一个环节，专业化生产可以让他们越做越好，人人都能够把精湛的技术应用于生产工艺的每一个环节，个人的能力，不管是体力还是脑力，都可以发挥到极致。

因此，如果某个岛民不去从事生产铅笔的工作，就可以做一些其他的工作，然后用自己赚来的钱去买铅笔。岛民们所享用的所有东西——食物、衣饰、房子等——几乎都依赖于别人。我们现在所享有的一切，是我们的祖先无法比拟的，即使是生活在一百年前的人，也无法想象我们今天的富足。今天我们生活水平的极大提高源于生产力水平的不断提高和各种创新的不断涌现，而这一切又都是通过专业化以及全世界范围内数十亿人相互之间的贸易实现的。如果没有这种专业化和创新，比如说，假设我们仍然不得不依赖我们的家人和朋友，那么无论我们的天赋如何，我们的经济生活水平很可能还是与历史上的大多数时候差不多，即只能勉强维持生活。如今世界上最贫穷的人之所以度日艰难，最根本的原因就在于，无论他们是否才华横溢，他们在经济上只能跟少数几个与他们最接近的人有联系。

人类今天所谓的文明生活，包括暖气、电力和交通设施、医疗保健、通信设备以及其他一切，都要求人们在日常生活中每天与数以百万计的人互动，这些人可能是每个人从来不曾遇到过的，更不用说之前是否相互认识了。现代的经济活动形式完全不同于我们的祖先，它需要一套完全不一样的、能够保证人与人之间可以彼此互动的社会规范和法律制度。正如作家伦纳德·里德（Leonard Read）所指出的，即使一个非常简单的产品，比如说铅笔，也需要数以百万计的没有经过事先协调的合作才能完成。这个过程是通过合作完成的，没有一个协调者，也没有一个管理者，它是人类以物易物、物物交换的天性的展示与发挥。这种通过合作的力量所产生的机制通常被人们称为"市场"。尽管教科书对上述要点的阐述往往是枯燥乏味且充满机械论色彩的，但斯密却认为这是一个丰富多彩的、有机的过程。

在《道德情操论》中，斯密认为，人们关心自己身边的人更甚于关心离自己较远的人。这就是为什么当地球的另一端有数以百万计的人在地震中死去，而你却依然可以安然入睡的原因。如果是我们生活的城市的另一端发生地震了，那情形就完全不一样了。再如果这场地震夺走了我们所爱的一个亲人的生命，那就更是另外一回事了。《道德情操论》可以说是一本讨论我们应该如何对待自己最亲近的人的书，我们与这些人会产生积极的同情共感，他们是我们的家人、朋友、近邻。《道德情操论》也是一本关于个人空间的书，它告诉我们，在一个私密的空间里，其他人是如何看待空间里的人的，空间内外的人又是如何相处的。不过，这本书基本上无关乎陌生人，它是关于那些人们时常见到的、有时候甚至可能会天天见面的那些人的书；它告诉我们，我们应该如何与自己身边的那些人相处，从而塑造自己的内心生活、规范自身的行为。

但在《国富论》中，斯密的着眼点却是，在一个非个人化的交易世界中人们行为是如何的。在这样一个世界中，不可避免地会出现陌生人。在斯密那个时代，屠夫你是认识的，但是养牛的农夫你却不认识，把牛赶往屠宰场的马车司机你不认识。你同样也不知道制作宰牛刀的那个打铁匠是何许人。在1759年，普通人餐盘上的烤肉或羊肉是从哪里来的，你不可能知道。到今天，我们就更加不知道到底是哪一个人生产了我们所喜欢的产品，如果斯密还活着，甚至连他也会深深折服当今世界专业化所释放出来的力量。

在非个人化交易的世界里，在全球贸易的文明世界中，或者说在现代经济中，除了在交易的终端，交易通常是非个人化的。当我们在互联网上订购东西，或者在好市多连锁企业（Costco）的门店购买东西时，收银员可能是我们唯一需要接触的人。在高科技的帮助下，有时人们甚至连面对面的交流也不需要了。除了在农贸市场或工艺品博览会上，我们见不到任何一个我们所购买的东西的生产者。

因为我们看不到与我们进行交易的人，因此我们也就很难去关心他人。当然，我们还是可能会有那么一点点关心。我们可能会为一杯咖啡多付一点钱，希望种咖啡豆的人能够稍多赚点钱。但是，就这种互动的本质而言，是具有自利性质的。基本上以下这种情况不可能发生：我们在当地代理商处购买汽车时，因为顾及某个汽车制造商和与自己讨价还价的汽车销售员而多付一些钱。

有人认为，人与人之间如果缺乏人际互动会是一个巨大的损失。当今社会虽然追求现代化和人们追求财富必须付出代价，但是如果人们只跟自己所关心的或者能够见到的人交易，那么这样的交易范围便会非常有限，而这将意味着我们会变得非常贫穷。"购买国货"这类运动向来只能在极其有限的产品类别（食品和一些手工艺品）上取得成功，扩大这一运动范围和影响力非常有限。是的，在历史上，我们也有一个时期尝试过只购买国货，不过那是在黑暗的中世纪，而且那时候的人们比我们现代人贫穷多了。生活在中世纪的人贫穷的原因固然很多，但其中一个重要原因是，人们大部分的交易均只发生在与自己住得较近的人之间，交易频次少且交易量非常有限，专业化程度也不高。自给自足是一条通往贫穷之路！

在撰写《国富论》时，斯密对人们是如何进行远距离交易的非常感兴趣。尽管这本书在这方面的内容大部分都是有关我们今天所说的国际贸易的，但是他在书中所论及的不仅仅是与外国人之间的贸易，而且各种各样与陌生人之间的贸易，这些陌生人既有国内的也有国外的。在进行这样的论述时，最好假设这个世界上的人基本上都是自利的。斯密就是这样做的。因此，《国富论》是一本关于人应该如何处理自己的自利心的书。

当然，人们与他人的互动远远不仅限于商业和物质领域。我们每个人都有自己的家人、朋友圈，我们有工作、有自己的爱好，会加入某些社团，会与他人一起创建社区和休闲娱乐活动，人人都想要快乐地、有意义地生活。这些人与人之间的互动就是斯密在《道德情操论》中所论述的。所以，如果有人认为人们与所有这些人——包括兄弟姐妹、父母、堂兄妹、同事、教友、自行车俱乐部的成员、健身房参加者，以及所有能够与自己面对面交流的人——的各种交往都是出于自利的目的，那无疑是相当荒谬的。

斯密洞察人性。是的，人对人的关心程度是不一样的，即使人与人之间进行面对面的交流过程中，每个人考虑更多的还是自己，而不是他人。人们可能会自欺欺人地认为自己的行为是可爱的。有时候确实会关心身边一些与自己无关的人，有时候甚至还会很关心，正如斯密准确解释过的，一些人对他人的关心完全是名副其实的。

虽然《道德情操论》与《国富论》两部著作的侧重点不一样，但这并不代表这两部著作对人性有不同的看法，也不意味着它们提出了两种截然不同的关于人的行为的理论，甚至也不能简单地认定《道德情操论》更乐观地看待人性。这两部著作各自所针对的人际互动的领域不同，但对人性的看法是一致的。斯密最感兴趣的是人的实际行为，而不是他希望他们所附诸的行为。他想了解人类的行为。

斯密在两个独立的领域分别写了两本看上去很不同的书，他的这种选择为我们应对在现代世界中必须面临的挑战提供了非常有益的帮助。我们都是在父母的羽翼下长大的。如果我们的父母是慈爱的，那么我们就是幸运的。他们让我们衣食无忧，为我们挡风遮雨。当我们遭遇挫折时，他们陪伴在我们身边并设法减轻我们的痛苦。他们毫无保留地为我们付出一切。如果我们有兄弟姐妹，他们也会以同样的方式对待他们。不过，并不是每位父母都能成功地做到对自己的子女毫无偏爱，一视同仁、获得平等对待只是每个孩子的理想。好在我小时候我们每个做孩子的都能分到一样大小的蛋糕，并且我们轮流分享玩具。

在我的童年时代，一个家庭中很少有商品性质的消费物品，那时的房子是免费住的，食物是免费吃的，衣服是免费穿的。那时我们只知道一件事情，那就是什么都是免费的，所有的孩子都是平等的。正如乔治·梅森大学（George Mason University）的经济学家沃尔特·威廉姆斯（Walter Williams）所观察到的，当时的家庭是一个社会主义的天堂。

随着我们慢慢长大，我们慈爱的父母不再像以前那样处处让我们依靠他们了，我们必须依靠自己的双腿独立行走。我们发现自己身处一个完全陌生的、不熟悉的世界当中，我们必须自食其力。于是我们突然发现自己周围的世界到处都充斥着风险和不确定性，我们必须自己做出决定。我们不得不为了得到一份好工作、为了争取获得某个机会而与别人竞争。我们发现不公平、不平等的事情比比皆是。

你可能会帮朋友搬家，也可能在你朋友被工作累得够呛时做饭给他/她吃，尽管你下厨可能只不过是为了好玩而已。朋友们为我们提供了某些类似于家庭的生活的舒适和安全。但是，即使我们在工作中广交朋友，我们也会被鼓励去寻找途径、获取利润、获得竞争优势。当我们给某个供应商或者自己公司驻国外的某人打电话时，我们所面对的是一位对我们的福利漠不关心的陌生人。虽然在这些环境中存在着一些抑制人的自利行为的文化规范，但竞争对人施加的约束作用也是不可忽视的。如果我们迫切地想要和某个陌生顾客建立起联系，以阻止他转向自己的竞争对手，那么我们即便确实不关心自己的客户，但也要假装十分关心客户，这样我们就有可能获得成功。当然，我们的工作场所永远不可能成为我们真正意义上的家。

商业世界是残酷而冷漠的，所有优秀的管理者都知道这一点，因此他们总是设法创建富有团队精神的友爱型社区，以满足公司员工对于一个温暖而可信任的工作环境的渴望。但是，新老员工之间存在着一道分界线，使得新员工很难融入这个温暖的大家庭中。银行工作人员永远不可能成为你的朋友。不管是在身体上，还是在情感上，现代世界的商业交易规则和游戏都不可避免地让我们与他们之间产生距离。这种情况的必然性源于维持我们生活水准的现代经济本质和专业化程度。在与我们进行交易的人当中，绝大多数人都离我们非常遥远，以至于我们将永远不可能见到他们。但是我们信任他们，我们与他们产生了互动，不过这仅仅是因为受到竞争、声誉、希望再次交易以及法律禁止诈骗和盗窃等因素的激励。

走出父母的羽翼意味着我们开始了自己的成人生活。我们与房东、雇主和商业竞争对手进行接触，我们也有了自己的家庭生活。这使我们深刻体会到有爱人和孩子组成的充满爱的家庭与缺少爱的工作世界之间的鲜明对比。在家庭生活中，家庭成员之间充满爱心、相互合作、风雨共担，而在工作环境中，合作主要是由潜在的利润以及对损失的避免所驱使的。

这是两个完全不同的世界，我们真的找不出任何共同点。正如哈耶克在《致命的自负》(*The Fatal Conceit*) 一书中所指出的，现代人必须同时生活于两个世界中：一个世界是亲密的，另一个世界却是疏远的；一个世界充满爱，另一个世界却充斥着价格和金钱的激励。哈耶克认为，人总有一种冲动，那就是想把自己亲密无间的家庭生活的准则和文化引入缺乏亲密关系的商业生活中。当然，他的意思并不是说，你必须要善待杂货店的收银员（假设你家附近的杂货店有收银员的话）或者你的同事，而是说，人有这样一种冲动，即总设法让宏观经济变得更像微观层面的家庭经济一样，并通过政治制度把家庭经济中的平等主义扩大并应用于整个社会。

哈耶克认为，如果把家庭的平等准则应用于整个社会，那么实际上也就等于把国家引向了暴政之路。我不知道斯密是否会同意这种威胁论，在1759年，社会主义、马克思主义和共产主义思潮尚未出现。但是斯密确实认为，人们不能把爱和关心（不管是无私的还是自利的）扩大到朋友和合作伙伴的圈子之外去，只能假装成有爱和关心他人。但是这种假装到底是一个崇高的理想，还是一种危险的冲动，却不得而知。

我认为，斯密肯定能够与哈耶克在下面这一点上达成一致：大多数人都有仰望、崇拜并把自己的命运托付给强大的领导者的冲动。在母体子宫之外，在家门之外，人人都渴望得到安全感，渴望有像自己父母那样值得信任的朋友。但是，问题在于，希特勒、斯大林以及其他所谓的伟人并不是我们的父母，尽管我们迫切想要得到他们的怜爱，但是他们绝对无法像爱他们自己的孩子那样爱我们。斯密和哈耶克都警告我们，我们对我们信任的强大的政治人物的狂热崇拜隐藏着极大的危险。这种危险并不仅仅存在于暴政统治中，还存在于对政治人物有狂热崇拜的民主国家的民众中。

不幸的是，斯密在《国富论》中的这些洞见并没有被人们所完全理解。我们无法教给我们的孩子（甚至包括我们那些主修经济学专业的学生）太多关于如何保持我们现代生活水准的东西。这不仅仅是因为我们的祖先过去曾经生活于部落或小群体中，而且还因为我们的孩子生活在一个受到保护的环境中。我们在与陌生人打交道时总是充满猜忌，我们对现代经济赖以存在的不协调的过程满怀敌意。哈耶克是对的，我们必须生活于两个完全不同的世界中，我们首先过的是家庭生活，接触的是我们的家人，家庭之外是商业领域，在那里我们接触到了陌生人。商业生活并不容易。

对于那种将商业生活浪漫化处理的做法，斯密从来不感兴趣。就算追求财富的过程真的有那么一丝丝浪漫主义色彩，但是在《道德情操论》中，斯密也进行了淡化处理。正如你通过本书的分析可以感觉到的，斯密所强调的是，人的内心潜藏着的野心和对物质财富的追求会腐蚀人的灵魂。我认为，斯密说得很正确，不过同时他也难免低估了专业化的力量，因为专业化的作用并不仅限于提高人们生活水准这一点。我之所以要说"难免"，是因为在斯密那个时代，尽管有许多富有的贵族和富有的工厂主，但是繁荣并不是普遍现象，当时的大多数富人，比如说贵族，除了雇用男仆、侍女和随从这一点之外，其他并没有给他留下太深刻的印象。不要忘记，斯密是在工业革命的开端阶段撰写这两部著作的。他对大头针工厂的生产效率与工匠打磨大头针的工作效率进行了对比，这给他留下了非常深刻的印象。但是他对现代化的大头针工厂是如何想的呢？或者，更进一步，他对一个现代化的汽车厂是如何考虑的呢？事实是，他根本无法想象未来会怎样。

斯密根本无法预见到信息革命，更加不可能预见到信息革命所创造的（而且必将进一步创造）的令人难以置信的无限创新机会。在1759年，根本没有一丝迹象表明，经济生活将会出现如何的巨大变革，人类的创造力将会得到如何的彻底释放。斯密仅仅看到了专业化生产的弊端，那就是，在1759的大头针工厂里，负责拉直钢丝这道工序的工人，不得不一遍又一遍地重复将钢丝拉直，这种工作既沉闷繁重又限制了工人的发展机会。如今，专业化生产已展现了其光明的一面，例如，智能机器人领域的专家，已经帮助外科医生找到了一种切除前列腺的新方法，于是，一整天都在做前列腺切除手术的外科医生，每一次都能做得非常完美。

总之，斯密绝对无法预见到，经济活动在今天可以变得如此地轻而易举，而且，或许更加重要的是，他也不可能预见到，现代经济能够让人们在工作中发现意义，甚至有可能让人们觉得工作是令人愉快的。这种经济的结果——数十亿人觉得工作和生活是轻松惬意的，另外数十亿人也摆脱了贫困——是不是有些浪漫呢？当然，从经济活动中获得意义，从深度上看，肯定比不上家庭生活和我们的社区生活的意义。但是，它让我们活得更长寿，它让人类的创造力得到了空前的释放，这也是有意义的生活的一部分。现代社会是一个充满奇迹的社会，在这个社会中，人们可以将高品质的音乐"装入口袋随身携带"，我的基因组能够被用来创造并复制出另一个完全相同的我；我可以通过互联网接触数以千万计的人，我可以与他们共同分享我的兴趣，我可以让他们回答我的问题。我想，如果我们理解了创造现代生活奇迹的专业化和交换的作用，那么我们将会更加宽容它的不完善之处，并且会更加热切地去维护使它拥有这种力量的制度。

我们的经济体系必定是一个非个人化的系统，这是它持续给我们馈赠各种可以改变生活、使生活变得更加积极和美好的礼物的前提。这些礼物包括：使我们更加健康的优质音乐、接触全世界人的更多机会。当然，也可能有人希望过另外一种完全不同的生活。但是无论如何，在一个专业分工非常细化的世界中，陌生人必定会在我们的生活中扮演着越来越重要的角色。好在我们不必去爱那个制造心脏瓣膜的人，也不必去爱那个制造每加仑汽油能使汽车行驶40英里的人，当然也不必去崇拜那个生产iPhone的公司的CEO，而这些人也不必爱我们。然而，是他们使我们的生活变得更美好、更有趣，即使他们可能永远也不会遇见我们，或者永远也不会让我们觉得他们像我们的家人。这很好。想寻找爱吗？不必舍近求远，百步之内必有芳草。不过，人们往往对生活中的点滴之爱视而不见。请珍惜眼前并记住：要爱，请就近！要贸易，请放眼全球！

亚当·斯密把我的外套从搁物架上取了下来，那是我刚进门时他挂在那儿的，他非常高兴我的衣服已经干了。他帮我穿好外套（他是一个很热情的主人）并把我送到了门口。在临别之际我再次感谢他对我的感情款待。这一次，我要感谢的不仅仅是他的苏格兰威士忌和他对我的教诲，而且还包括他的思想、他的精神以及我在他的陪伴下度过的美妙夜读夜晚。我踏出大门投身于夜色当中，雨已经停了，但是薄雾中透着丝丝寒意，我不禁打了一个寒噤。我和斯密互道珍重，挥手作别。

离别比我想象中更难。当我身后的大门关上，当门闩被拴上的声音传入我耳朵时，我在街边对望着刚才待过的这幢房子，久久不愿离去。我想象着这位伟人手里举着一根点燃的蜡烛，然后一步一步地走上楼梯。果然，不一会儿，楼上某个房间的悠悠的灯光闪烁了一下，或许他正准备上床睡觉呢，或许他还打算再阅读几分钟。尽管天气寒冷，湿气逼人，但是我仍然伫立在街边对望，双眼紧紧地盯着他的窗户，思索着他的思想、他的洞见、他的教诲，直到灯熄。晚安，我的朋友，我低声呢喃着，请好好休息！然后我竖了竖衣领，径直回家。

致　谢

乔治·梅森大学的丹·克莱因（Dan Klein）激发了我对斯密除《国富论》之外的其他著作的兴趣。我在我的播客《经济交谈》上对丹作过访谈，此外还与他有过许多次未曾留下记录的私下交流。丹在乔治·梅森大学开设了一门以"亚当·斯密的政治经济学"为名的课程，他邀请我给修读这门课的学生上课。这是一次绝妙的教学体验。我非常感谢我的学生们，与他们的互动，使我对斯密有了更加深刻的了解。我对斯密及其思想的全面认识也得益于我与乔治·梅森大学的唐·布罗德（Don Boudreaux）和叶史瓦大学（Yeshiva University）的詹姆斯·奥特森（James Otteson）的多次探讨。

在这里，我要感谢约翰·雷西亚（John Raisian）给予我的极大的支持，感谢斯坦福大学胡佛研究所的良好的学术氛围。如果没有这些支持，如果我不在胡佛研究所工作，那么这本书将永远不可能面世。

这本书的书名因阿兰·德波顿的非凡著作《普鲁斯特如何改变你的生活》（*How Proust Can Change Your Life*）的启发而得，特此感谢！

我的经纪人拉斐尔·萨加林（Raphael Sagalyn）在我还没有动手写作本书之前就已经非常看好它了，当我对此书只有一个模糊的概念时，他就帮我整理了整体框架结构，在我写作过程中他又给予了我很大的帮助。我的朋友加里·贝尔斯基（Gary Belsky）的鼓励让我确信，我真的能写出一本很好的解读《道德情操论》的书。更重要的是，当我在写法和表述上有纠结时，是他告诉我，应该把本书的思想融入生活中去，而不要让它成为对斯密思想的简单小结。他的指导对我来说非常宝贵。Portfolio/Penguin 出版社的阿德里安·扎克赫姆（Adrian Zackheim）和尼基·帕帕佐普洛斯（Niki Papadopoulos）自始至终都对这本书的价值深信不疑，并且一直都在鼓励着我。

感谢乔纳森·伯龙（Jonathan Baron）、皮特·伯特克（Pete Boettke）、孟德尔·布鲁明（Mendel Bluming）、哈伊姆·查尔顿（Chaim Charytan）、什穆埃尔·古德曼（Shmuel Goodman）、丽莎·哈里斯（Lisa Harris）、安迪·科斯纳（Andy Koshner）、理查德·马奥尼（Richard Mahoney）、艾米莉·梅斯纳尔（Emily Messner）、吉姆·奥特森（Jim Otteson）、阿里耶·罗伯茨（Aryeh Roberts）、雅艾尔·罗伯茨（Yael Roberts）、贝维斯·朔克（Bevis Schock）、佩逊斯·朔克（Patience Schock）、奥莉·图利茨（Orlee Turitz）、巴里·温加斯特（Barry Weingast）、杰夫·韦斯（Jeff Weiss）、艾米·威利斯（Amy Willis）等朋友的鼓励与支持，以及对本书初稿提出的意见。

感谢加里·贝尔斯基、丹·克莱因、劳伦·南兹博格（Lauren Landsburg）、乔·罗伯茨（Joe Roberts）、雪莉·罗伯茨（Shirley Roberts）和特德·罗伯茨（Ted Roberts），他们对本书的初稿提出了非常详细的意见，他们的勤勉和洞见也极大地提高了本书的质量。帕特里夏·福格蒂（Patricia Fogarty）非常出色地完成了初稿的文字编辑工作，从中发现了许多需要改进的地方。有她的帮助是我的福气。Portfolio/Penguin 出版社的编辑尼基·帕帕多普洛斯（Niki Papadopoulos）的工作使这本书大为增色，她给我提供了有效组织各章节的方法，她的建议在全书各处都有体现。

与往常一样，在写作本书的过程中，生活难免会起伏不定，我的妻子莎伦（Sharon）一直是我的私人编辑，也是我可以依靠的温暖的心灵港湾。有了她，我觉得做什么都值得。我能够与这样一位如此可爱的、值得我爱的人相伴一生，是我的幸运。

资料来源及进一步阅读材料

生活在这样一个时代和这样一个世界中，可以说是我们的幸运。全世界数十亿人都可以免费全文阅读《道德情操论》。你很可能就是这幸运的几十亿人中的一个，那么请认认真真地开始阅读吧！我在这本书中所使用的所有引文都源于《道德情操论》的第六版，网络版由经济与自由（econlib. org）图书馆提供（原著于 1790 年出版，网址是 http：//www. econlib. org/library/Smith/smMS. html）。在这个网络图书馆中，你还可以找到亚当·斯密的另一部伟大的著作——《国民财富的性质和原因的研究》（即《国富论》）。

第 1 章

我与丹·克莱因关于《道德情操论》的访谈共分六个部分，它们都可以在《经济交谈》网站（EconTalk. org）上找到。丹对斯密这部巨著的看法与我有所不同，喜欢我这本书的读者也肯定可以从丹的观点中享受到很大乐趣并学到很多东西，我自己就是如此。

我对亚当·斯密的生平的描述取材于约翰·雷撰写的引人入胜的《亚当·斯密传》（Life of Adam Smith），这本书可读性很高，它的第一版于 1895 年出版（网络版见：http：//www. econlib. org/library/YPDBooks/Rae/raeLS. html）。另一本传记，《亚当·斯密的思想之旅》［Adam Smith：An

Enlightened Life，Yale University Press，2012（本书中译版于 2019 年 7 月由华夏出版社出版。——编者）]也令我获益匪浅，它的作者是尼古拉斯·菲利普森（Nicholas Phillipson）。我曾经采访过菲利普森，有关资料可以从 EconTalk. org 网站下载。

约瑟夫·熊彼特关于亚当·斯密与女人的关系的那段话，引自熊彼特撰写的《经济分析史》（*History of Economic Analysis*，牛津大学出版社，1996 年出版）。

第 2 章

关于"你的铁律"的一个最有趣、最精炼的例子，我们可以在斯蒂芬·利科克（Stephen Leacodk）所撰写的故事《我丢失的美元》（*My lost Dollar*）中找到。利科克是一个才华横溢的喜剧作家，同时也是麦吉尔大学的政治经济学教授。

关于道德到底是天生的，还是后天习得的，你可以在乔纳森·海特（Jonathan Haidt）撰写的那部令人着迷的著作《正义之心：为什么人们总是坚持"你对我错"》（*The Righteous Mind：Why Good People Are Divided by Politics and Religion*，Pantheon Books，2012）。尽管海特在书中没有引用过斯密的话语，但却在好几处引用过休谟的论述。从这些引文中可以看出，对于道德和自我欺骗，休谟和斯密有很多共同的看法，不过，"公正的旁观者"的概念是斯密的独创。

第 3 章

彼得·巴菲特的故事源自他的自传《做你自己：成就自我的人生旅程》（*Life Is What You Make It：Find Your Own Path to Fulfillment*，Three Rivers Press，2011）。在他这本书出版的时候，如果他的伯克希尔·哈撒韦公司的股票没有被卖掉，那么其市价约为 7 200 万美元，我在书中所说的市价大约 1 亿美元，这是 2014 年的数字。

关于麦道夫在被捕时"松了一口气"的说法，源于詹姆斯·斯图尔特（James Stewart）撰写的著作：《缠结之网：正在摧毁美国虚假陈述的暗流——从玛莎·斯图尔特到伯纳德·麦道夫》（*Tangled Webs：How False Statements Are Undermining America：From Martha Stewart to Bernie Madoff*, Penguin Press, 2011）。

第 4 章

本章借鉴了我在《经济交谈》网站上发布的一篇文章《猪不会飞：思考政治的经济学方法》（*Pigs Don't Fly：The Economic Way of Thinking About Politics*）中的观点。与布鲁斯·扬德尔（Bruce Yandle）的交流又进一步深化了我对自欺欺人现象的理解。另外，在 YouTube 上，你可以看到理查德·法里纳和咪咪演唱《收起忧伤》（*Pack up Your Sorrows*）的视频，这首歌是我的青春的一部分。理查德·法里纳的去世以及咪咪和琼·贝兹对此事的反应，源于大卫·豪伊杜的著作《第四街：琼·贝兹、鲍勃·迪伦、咪咪·贝兹·法里纳和理查德·法里纳生活的时代》（*Positively 4th Street：The Lives and Times of Joan Baez，Bob Dylan，Mimi Baez Fariña，and Richard Fariña*，Farrar, Straus and Giroux, 2001）。

弗里德里希·哈耶克认为，宏观经济的"科学性"不过是虚幻的人造之物，这一观点见他的诺贝尔经济学奖获奖演说"知识的僭妄"，该文可以在诺贝尔奖委员会的网站上（nobelprize.org）下载。纳西姆·塔勒布关于自我欺骗的洞见，以及他对不确定世界中理性的界限的看法，深深地影响了我对这些问题的理解。在此，我推荐读者阅读塔勒布的如下三部著作：《随机漫步的傻瓜：机会在生活和市场中的潜在作用》（*Fooled by Randomness：The Hidden Role of Chance in Life and in the Markets*，Random House,

2001)、《黑天鹅：如何应对不可预知的未来》(*The Black Swan*: *The Impact of the Highly Improbable*, Random House, 2007)，以及《反脆弱：从确定性中获益》(*Antifragile*: *Things That Gain from Disorder*, Random House, 2012)。我在本章中的论述，还受到乔纳森·海特在《正义之心：为什么人们总是坚持"你对我错"》一书中的思想的启发。关于这些主题，以及我对塔勒布和海特的访谈，也可以在 EconTalk.org 网站上找到。

伊格纳茨·塞麦尔维斯医生试图说服整个世界，是医生们传播了产褥热，这个故事源于舍温·努兰（Sherwin Nuland）的著作《医生的瘟疫：细菌、产褥热和伊格纳茨·塞麦尔维斯医生的奇异经历》(*Nuland's The Doctors' Plague*: *Germs, Childbed Fever, and the Strange Story of Ignác Semmelweis*, W. W. Norton, 2003)。

第 5 章

墨西哥渔夫和那个 MBA 毕业生的故事的各种版本，都可以在互联网上找到。我讲这个故事，是为了呼应斯密对普鲁塔克的故事的解释。托尔斯泰讲述的那个令人难忘的故事"一个人到底需要多少土地"，也阐述了类似的主题。*

特德·威廉姆斯（Ted Williams）、吉米·卡罗尔（Timony Carroll）和威廉姆斯（Williams）的赛车的故事，源于利·蒙特维尔（Leigh Montville）所著的《特德·威廉姆斯：一个美国英雄的传记》(*Ted Williams*: *The Biography of an American Hero*, Doubleday, 2004)。

约翰·雷伊讲述的这个故事（亚当·斯密在晚宴上迟到，皮特对他大

---

* 托尔斯泰讲述的这个故事是这样的：有一个农民，名叫帕科缪（Pakhom），他一心一意地想占有更多的土地，越多越好。在这种欲望的驱使下，他一直十分操劳，这种原本可以给他带来更多财富的行为已经完全走向了反面。终于有一天，他因心力交瘁而去世。当然，到了这个时候，帕科缪需要的土地就变得非常有限了：只要能放得下他的躯体，让他能够在地下安息就足够了。——译者注

加恭维，所有的客人都自称是斯密的学生）很可能是杜撰的。不过，皮特非常敬佩斯密，这一点却是毋庸置疑的。

第7章

斯密写给威廉·斯特拉恩的这封信的全文，载于大卫·休谟的《道德、政治和文学论文集》（*Essays, Moral, Political, and Literary*, edited by Eugene F. Miller）一书，读者也可以在网络上读到这封信（http：//www.econlib.org/library/LFBooks/Hume/ hmMPL0.html）。

谚语"少说、多做"源于《塔木德》第1章第14节。

第8章

我在《万物皆有价：可能性的寓言与繁荣》（*The Price of Everything: A Parable of Possibility and Prosperity*, Princeton Uninersity Press, 2008）一书中也探讨了本章的主题。关于哈耶克在这方面的见解，读者可以从他撰写的《知识在社会中的运用》（*The Use of Knowledge in Society*）一文入手，该文发表于《美国经济评论》（1945），现在可以从 EconLib.org 网站上下载；然后再阅读他的著作《致命的自负：社会主义的谬误》（*The Fatal Conceit: The Errors of Socialism*, University of chicago Press, 1990）。

米尔顿·弗里德曼认为，个体层面可以忽略不计的影响，其总和却不一定是微不足道的，请参阅他的著作《价格理论》（*Price Theory*, Aldine Transaction, 1976）。

斯密的《道德情操论》对伊曼努尔·康德（Immanuel Kant）是否产生影响，这是一个有趣的问题。塞缪尔·弗莱施哈克尔（Samuel Fleischacker）在《康德研究》第82卷第3期上发表了一篇文章《康德和亚当·斯密：道德实践的哲学》（*Philosophy in Moral Practice: Kant and Adam*

Smith)，探讨了这个问题［*Kant – Studien* 82（3）：249 – 69（1991）］。

我有一篇论文探讨了华尔街运用债务的方式和后果，它的标题是《用别人的钱赌博：变态激励是如何引发金融危机的》（*Gambling with Other People's Money：How Perverted Incentives Caused the Financial Crisis*）。该文可以在 mercatus. org 网站上找到。

关于信任的重要性，请参阅大卫·罗斯（David Rose）的著作《经济行为的道德基础》（*The Moral Foundation of Economic Behavior*，Oxford University Press，2011）。我也在《经济交谈》栏目中采访了他。

本章末尾引用的《塔木德》文字，见第 2 章第 19 节。

第 10 章

伦纳德·里德（Leonard Read）撰写的这篇讨论涌现秩序和非计划的佳作的标题是"我，铅笔"，读者可以在 EconLib. org 网站上阅读此文。

本章大部分内容涉及的是所谓的"亚当·斯密问题"，即写《道德情操论》（它的重点是同情和利他主义）一书的这个人，怎么还会写一本像《国富论》（它假设人都是自利的）这样的书，以及这两本书几乎没有相互引用，他是怎么做到的。

詹姆斯·奥特森（James Otteson）对此问题的解答可以在《经济交谈》栏目对他的访谈中找到，读者也可以读一下他的著作《亚当·斯密生活的市场》（*Adam Smith's Marketplace of Life*，Cambridge University Press，2002）。奥特森认为，斯密这两本书都是关于涌现秩序的：一本论述的是社会交往的规范的涌现，另一本则论述价格及其他经济变量的涌现。乔纳森·怀特（Jonothan Wight）在他的著作《拯救亚当·斯密：财富、转型和德性的故事》（*Saving Adam Smith：A Tale of Wealth，Transformation，and Virtue*，Financial Times/Prentice Hall，2001）中则认为，这两本书对理解斯密关于资本主义的观点都是至关重要的。塞缪尔·弗莱施哈克尔的《亚当·

斯密的〈国富论〉：一个哲学伴侣》（*On Adam Smith's "Wealth of Nations": A Philosophical Companion*，Princeton University Press，2004）则着眼于《道德情操论》对《国富论》的哲学影响。

关于"亚当·斯密问题"，罗纳德·科斯（Ronald Coase）在《亚当·斯密论人性》（*Adam Smith's View of Man*）一文中得出的结论与我类似，不过他对自爱的重要性的强调比我更甚。此外，他也很关注政府干预的影响，该文收录于《论经济学和经济学家》（*Essays on Economics and Economists*，Univerity of chicage Press，1994），非常值得一读，它对斯密在《道德情操论》中的观点概括简洁而精练。我要感谢丹·克莱因，是他提醒我注意科斯这篇文章的。不过，那已经是在本书基本成书之后的事情了，我不知道自己如果在动笔写作本书之前就读到这篇文章，是否会受其影响。

关于人口规模促进专业化和经济繁荣这个问题，读者如果想了解更多的信息，可以参考《经济交谈》栏目关于斯密和大卫·李嘉图的贸易的理论节目。

在这一章，我从《道德情操论》中引用了一段话，即斯密认为一个在马路边晒太阳的乞丐的幸福不亚于国王：

> 在身体自在和心情平静方面，所有不同阶层的人民几乎是同一水平、难分轩轾的，就连一个在马路边享受日光浴的乞丐，也拥有了国王们为之奋战不懈的那种安全感。

我认为，斯密在这里可能有点极端化了。享受日光浴的乞丐真的与国王一样有安全感吗？托马斯·马丁（Thomas Martin）在《日光浴乞丐和格斗之王：亚当·斯密的〈道德情操论〉中的犬儒主义者第欧根尼和亚历山大大帝》（*The Sunbathing Beggar and Fighting kings: Diogenes the Cynic and Alexander the Great in Adam Smith's 'Theory of Moral Sentiments*，*Adam Simth Review*，Volume 8）一文中认为，斯密在这段话中，其实是特指一位非常特别的享受日光浴的乞丐，他就是第欧根尼。据传，在拜访第欧根尼时，亚历山大大帝问：能为你做点什么吗？第欧根尼的回答是：你可以移动一下身子，因为你挡住了太阳光。很显然，第欧根尼不能代表所有的乞丐。因此，马丁的看法是，斯密并不认为财富与安全感全无关联。马丁争辩道，一个人感觉是否安全，与他的哲学观点密切相关。感谢丹·克莱因告诉我这个文献。

译后记

许多大师都曾经强调过阅读经典的重要性，但是真正静下心来阅读经典的人并不多。今天的经济学家，大多数都是首先作为一个数学家接受学术训练的，完整阅读过经济学创始人亚当·斯密的《国富论》和《道德情操论》的人可能非常有限。本书作者作为一名经济学家，也是很晚才开始阅读这两部经典之作的。在本书中，他开篇就坦承，"在我成为一名经济学家后的大部分时间里，除了《国富论》之外，我一直很少听到任何人提起过斯密的其他著作"。

或许正因为阅读经典很难，所以"解读经典"才有意义。本书正是作者对《道德情操论》的一个出色的解读。

学术界曾经提出过一个"亚当·斯密问题"，强调同情和利他的《道德情操论》的作者，为什么会写出假设人都是自利的《国富论》？有的研究者指出，这两本书从根本上看是统一的，它们都是斯密为解释社会秩序的庞大写作计划的不可或缺组成部分。本书作者也认为，《道德情操论》这部"被人遗忘的巨著"，揭示了快乐、美德、名声、财富之间的令人惊讶的关系，因此它不仅是一部伦理学著作，而且还可以说是一部经济学著作。如果对《道德情操论》不理解，那就很难理解《国富论》。《道德情操论》探讨的问题包括（但不限于）：人类满足感的深层原因是什么？为什么人会在自利和利他之间挣扎？幸福与财富、道德之间的关系是什么？等等。所有这些，其实也都是经济学要解决的问题。

除此之外，本书还突出强调了斯密在《道德情操论》中揭示的关于人性的洞见，这在今天仍然与在三百年前一样有意义，它可以用来指导并改变我们的生活。我们怎样才能获得真正的幸福？我们应该追求名利吗？我们怎样才能让世界变得更加美好？斯密针对这些问题给出的答案构成了一本真正意义上的"人生幸福指南"。他的思想放在现代社会背景下，尤其显得深刻而发人深省。

翻译工作并不如一般人所想象得那么容易。斯密思想博大精深，常令译者望而却步，而且《亚当·斯密如何改变你的生活》这本书又可以说是为了便于现代人理解而对《道德情操论》的一个"翻译"。因此，中译本在一定意义上就成了"翻译的翻译"。就我自己的感觉而言，这种"翻译的翻译"最难处理了，因为译文特别容易显得啰嗦、重复。如果本书也不能克服这个缺点的话，那么我在这里也只能寄望读者能够谅解了。

感谢我的夫人傅瑞蓉，她是译文的第一个读者和批评者，她对我的帮助很大。我还要感谢我的儿子贾岚晴，他给我带来了极大的快乐。同时还要感谢我的岳父傅美峰、岳母蒋仁娟对贾岚晴的悉心照料。

我由衷地感谢汪丁丁教授、叶航教授和罗卫东教授的教诲。感谢何永勤、虞伟华、余仲望、鲍玮玮、傅晓燕、傅锐飞、傅旭飞、陈叶烽、李欢、何志星、邹铁钉、王国梁、罗俊、黄达强、邓昊力、陈姝、李燕、张弘、应理建、丁玫、陈贞芳、楼霞、郑文英、商瑜、李晓玲等好友的帮助。

感谢华夏出版社对我的信任，感谢编辑李雪飞老师的辛苦付出。

贾拥民
2018 年 10 月　于杭州

亚当·斯密财富论丛

晏智杰　主编

《亚当·斯密如何改变你的生活》

（美）拉斯·罗伯茨　著　贾拥民　译

《亚当·斯密的思想之旅》

（英）尼古拉斯·菲利普森　著　于海生　译

《晏智杰解读〈道德情操论〉与〈国富论〉》

晏智杰　著

《道德情操论》

（英）亚当·斯密　著　赵康英　译

《国富论》

（英）亚当·斯密　著　贾拥民　傅瑞蓉　译（待出版）

图书在版编目（CIP）数据

亚当·斯密如何改变你的生活：经济学之父的永恒智慧／（美）拉斯·罗伯茨（Russ Roberts）著；贾拥民译. -- 北京：华夏出版社有限公司，2020.7
（亚当·斯密财富论丛）
书名原文：How Adam Smith Can Change Your Life: An Unexpected Guide to Human Nature and Happiness
ISBN 978-7-5080-9931-6

Ⅰ. ①亚… Ⅱ. ①拉… ②贾… Ⅲ. ①亚当·斯密（Adam Smith 1723-1790）－思想评论 Ⅳ. ①F091.33

中国版本图书馆 CIP 数据核字（2020）第 070862 号

How Adam Smith Can Change Your Life: An Unexpected Guide to Human Nature and Happiness
Copyright ©2014 by Russell Roberts
All rights reserved including the right of reproduction in whole or in part in any form. This edition published by arrangement with Portfolio, a member of Penguin Group (USA)LLC, a Penguin Random House Company
Simplified Chinese translation copyright © 2020 Huaxia Publishing House Co., Ltd

版权所有　翻版必究
北京市版权局著作权合同登记号：图字 01-2015-3048 号

亚当·斯密如何改变你的生活——经济学之父的永恒智慧

作　　者	［美］拉斯·罗伯茨	
译　　者	贾拥民	
责任编辑	李雪飞	
责任印制	顾瑞清	

出版发行	华夏出版社有限公司		
经　　销	新华书店		
印　　装	三河市少明印务有限公司		
版　　次	2020 年 7 月北京第 1 版	2020 年 7 月北京第 1 次印刷	
开　　本	710×1000　1/16 开		
印　　张	12		
字　　数	172 千字		
定　　价	58.00 元		

华夏出版社有限公司　地址：北京市东直门外香河园北里 4 号　邮编：100028
网址：www.hxph.com.cn　电话：（010）64663331（转）
若发现本版图书有印装质量问题，请与我社营销中心联系调换。